그들만의 평양

그들만의 평양 - 인민의 낙원에는 인민이 없다

초판1쇄 인쇄	2019년 4월 5일
초판1쇄 발행	2019년 4월 15일
지은이	강동완
출판사	도서출판 너나드리
제작	하늘생각
등록번호	2015-2호.(2015. 2. 16)
주 소	부산시 사하구 다대로 381번길 99 101동 1406호
이메일	simple1@hanmail.net
전 화	051-200-8790, 010-4443-6392
책임편집	강동완
디자인	박지영
교 정	송현정 최은향
값	29,000 원
ISBN	979-11-965081-2-8

· 이 도서의 국립중앙도서관 출판예정도서목록(CIP)은 서지정보유통지원시스템 홈페이지
(http://seoji.nl.go.kr)와 국가자료공동목록시스템(http://www.nl.go.kr/kolisnet)에서
이용하실 수 있습니다. (CIP제어번호 : 2019012893)

그들만의 평양

인민의 낙원에는 인민이 없다

들
어
가
며
/

어스름 내리는 북중 접경의 밤은 차가웠다. 건널 수 없는, 건너서는 아니 될 압록강 물줄기는 시린 마음을 더욱 꽁꽁 얼어붙게 했다. 영하 30도를 넘나드는 두만강 칼바람은 마치 날선 분단의 칼날처럼 뼛속을 파고들었다. 매섭고도 아픈 국경의 길은 끊기고 또 이어졌다. 손마디가 떨어질 것 같은 혹독한 추위에도 아랑곳하지 않은 채 덤덤히 또 하루를 살아내는 사람들... 그 길 위에서 마주한 북녘사람들에게 안부를 묻고 싶었다.

지난해 9월 출간한 〈평양 밖 북조선: 999장의 사진에 담은 북쪽의 북한〉에서는 강 건너 보이는 모든 것을 담으려 했다. 사람이든 풍경이든, 심지어 산자락 굽이도는 바람의 흔적까지도 카메라에 담고 싶었다. 북녘에 존재하는 거라면 무엇이든 상관없다 여겼다. 나무 한 그루, 풀 한포기, 돌덩이 하나마저도 분단 너머 닿을 수 없는 것들이기에 그 자체가 소중해 보였다. 그러다보니 정작 사람을 놓쳤다.

2018년 4월, 남북정상회담 이후 마치 '외눈박이 사랑'처럼 북한이 아닌 평양에만 사람들의 눈길이 쏠렸다. 사악한 독재자는 인격적이고 예의바른 인물로 미화되었다. '평양시민'이 아닌 '북한인민'들의 힘겨운 일상을 담고자 북중접경으로 달려갔지만 온전히 그 아픔을 전하지 못했다.

책을 받아들고 한없이 죄스럽고 부끄러운 마음뿐이었다. 마음 같아서는 책을 모두 폐기하고 싶은 생각까지 들었다. 하지만 현실 앞에 용기는 부질없었다. 그저 책 마지막에 쓴 "가을이 지나 계절이 바뀌면 두만강 칼바람 속 겨우살이 하는 북녘의 사람들을 담으려 한다. 다시 또 이 길을 떠날 것이다." 라는 글귀를 떠올리며 마음을 다잡았다. 그 약속을 지키려 온 겨울 내내 그 길을 걷고 또 달렸다.

남북정상회담 1년이 지난 2019년 4월의 오늘. 세상은 또 다시 시끌시끌 하다. 사람들은 여전히 아파하는데 독재자는 평화의 전령사로 둔갑되어 '그들만의 평화'를 노래한다. 모두의 행복이 나래치는 '인민의 낙원'이라 선전하지만 정작 인민의 낙원에 인민은 존재하지 않았다. 어쩌면 사회주의 지상낙원이라는 이상촌에서 극한고통의 시간을 살아가는 사람들만 존재하는 것 같다.

인민의 낙원에서 독재자의 노예처럼 살아가는 북녘 사람들의 실상을 전하고 싶다. 창살 없는 감옥에 갇혀 꿈을 묻고 살아가는 우리네 사람들의 마음들을 담고자 한다. 우리와 똑같지만 전혀 다른 삶을 살아가는 북한인민들의 바스락거리는 마음 말이다. 한겨울 그 스산하고 삭막한 계절 앞에 무기력하지만 온몸으로 저항하는 억센 우리네 사람들을 마주한다. 빼앗긴 들에서 새봄을 기다리는 북녘의 사람들…

이 책은 2018년 9월부터 2019년 2월까지 북중접경에서 바라본 북녘 사람들의 가을과 겨울을 찍고 기록했다. 혁명의 수도 평양에서 '살아가는' 평양시민이 아닌, 오늘 또 하루를 '살아내는' 북한인민들의 억센 일상을 담았다. 평양만 바라보며 마치 저 분단의 땅 너머에 사회주의 이상촌이 우뚝 자리한 것처럼 감동의 눈시울을 적시는 사람들에게 진실을 전하고 싶다.

카메라를 들면 왜, 무엇을 찍으려 하는가에 대한 고민이 늘 앞선다. 렌즈 안에 비친 또 다른 세상에서 어떤 선택을 할지 끊임없이 싸운다. 그럴 때마다 단 하나의 약속만은 지키고자 한다. 그저 하나의 선택이 진실을 가리는 외눈박이만 아니면 좋겠다는 간절한 다짐 말이다.

허락된 자는 허용된 곳만 찍을 수 있다. 강 너머 망원렌즈로 보이는 북녘의 모습은 누군가의 의도로 연출된 장면이 아니라는 건 분명하다. 북중접경 지역은 바로 북한인민들의 삶이자 현실 그 자체의 잔상을 품었다.

우리는 지금 강 건너 사람들을 겨우 사진에 담는다. 그 너머의 너머에는 또 다른 무엇이 있는지 알 수 없다. 평양 밖과 강 안쪽 그 사이에는 지금까지 우리가 보지 못한 또 다른 세상이 분명 있을게다. 아직은 그곳에 닿을 수 없기에 강 너머 보이는 사람들에게 만이라도 가녀린 손을 내밀어본다.

그들을 사진에라도 담는 건 진실에서 눈 돌리지 않으려는 최소한의 몸부림이자 고백이다. 그래서 멈추지 않으려 한다.

2019년 4월. 만남 1년을 기념한다며 시끌시끌한 세상에서
통일의 오직 한길을 위해
무소의 뿔처럼
묵묵히...

○
차
례

1부.	01	심장을 바치자 어머니 조국에	12
	02	여성은 꽃이라네	26
	03	우리식대로 살아나가자	50
	04	자력갱생만이 살길이다	62

2부.	05	만리마속도창조	78
	06	조선은 결심하면 한다	104
	07	가는 길 험난해도 웃으며 가자	120

3부.	08	조국의 국경을 철벽으로 지키자	136
	09	장군님 따라 천만리	160
	10	세상에 부럼 없어라	172
	11	김정은 장군님의 참된 아들딸이 되자	186

4부.	12	주체조선의 태양	204
	13	최후의 승리를 향하여 앞으로	214
	14	사회주의 지상낙원	226
	15	발은 여기 붙이고 눈은 세계를 보라	254

1부

01	심장을 바치자 어머니 조국에
02	여성은 꽃이라네
03	우리식대로 살아나가자
04	자력갱생만이 살길이다

01 심장을 바치자 어머니 조국에

목탄차와 소녀

한 무리의 아이들이 어디론가 향한다. 재잘재잘 총총걸음으로 가는 모양새가 영락없는 사춘기 소녀들 같다. 선생님의 위엄어린 지시도 철조망을 지키는 군인들의 위세에도 아랑곳 않는 순수한 재잘거림...

하지만 메케한 연기 자욱한 목탄차 앞에서 아이들의 웃음은 이내 사라졌다. 기름이 아닌 나무와 석탄을 때워 겨우 움직일 수 있는 목탄차의 연기가 소녀들의 얼굴을 뒤덮는다. 압록강변에서 모래와 자갈을 옮기는 사춘기 소녀들의 슬픈 웃음이 부질없이 쌓여간다.

조국의 반역자

국경 철조망에 섬뜩하게 설치된 표적지를 바라본다. 군인들의 사격연습용 표적지(목표물)가 뭐 그리 문제냐 말할 수도 있다. 그런데 그 표적지 모양과 설치된 곳을 보면 충격이라 할 수밖에 없다. 두 손과 발이 뒤로 묶인 채 기둥에 매달린 사람의 모습...

북한에서 총살이 공공연히 자행된다는 사실을 우리는 탈북민의 증언을 통해 들어왔다. 이른바 '조국의 반역자'라 불리는 탈북자를 현장에서 즉각 사살하라는 명령이 내려졌다는 정보도 간접적으로 전해진다. 이 모든 걸 실제 목격한 적은 없다. 그렇기에 일각에서는 이른바 '북한 악마화' 프레임으로 북한을 너무 나쁘게만 인식하는 우리의 시선을 바꾸자 말한다.

하지만 실상은 바로 지금 눈앞에 보이는 그대로다. 그런 상황을 가정하고 사격연습을 한다는 것, 그 사실만으로도 지금의 북한 정권이 얼마나 폭압적이며 반인도적 범죄를 자행하고 있다는 걸 알 수 있다. 일반 주민들이 다니며 볼 수 있는 길목과 철조망에 그런 표적지를 세워두었다는 건 무언의 경고이자 억압의 상징이다. 그렇기에 침묵해서는 안 되는 이유가 다시 한 번 분명해진다. 어떻게 하면 북한인권 개선을 위한 작은 울림이 될 수 있을까? 무엇보다 그 정권을 평화라는 이름으로 미화해서는 안 될 것이다. 진정 사람이 먼저라면...

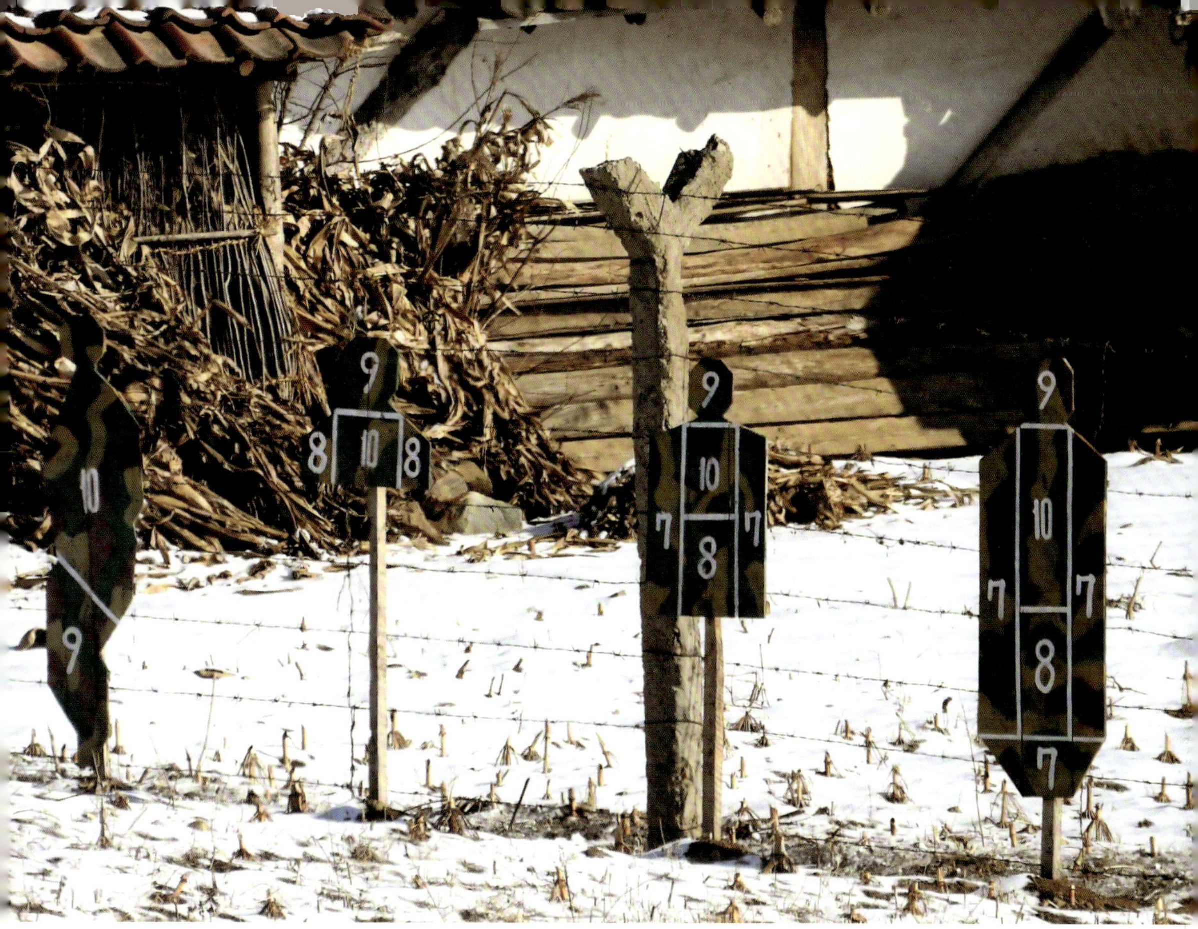
9
10
9
9
8 10 8
9
10
7 7
8
9
10
7 7
8
7

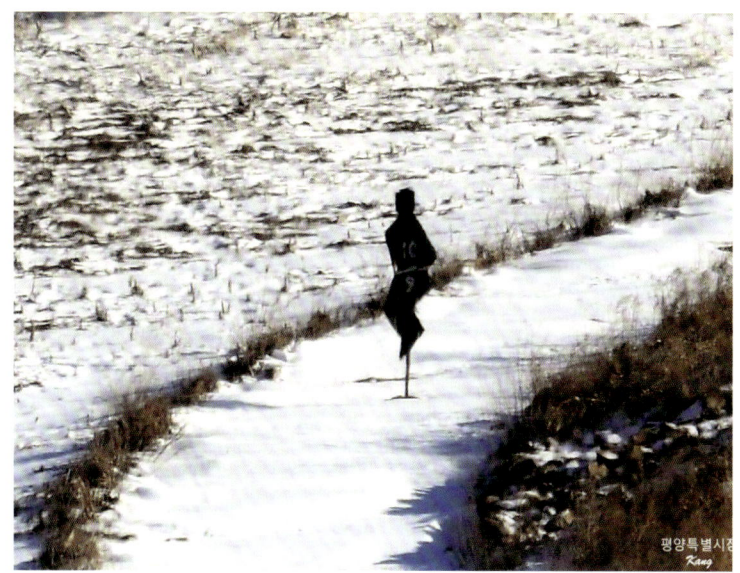

평양특별시장
Kang

조국애

한겨울 압록강변에 눈발이 날린다. 가을걷이를 끝낸 황량한 들판 위에 트랙터 한 대가 지나간다. 이 시기 북녘의 사람들은 일명 '거름전투'에 동원된다. 비료가 부족하기 때문에 집집마다 인분으로 만든 거름을 밭으로 옮기는 작업이다. 변변한 농기계 하나 제대로 갖추지 못해 금방이라도 들녘 한가운데 멈춰 설 것만 같은 트랙터 한 대에 의지했다. 어디서나 쉬이 볼 수 있는 선전구호라 예사롭게 봤는데 트랙터 앞에 새겨 놓은 구호는 좀 생뚱맞다. "자력갱생만이 살길이다"... 온 세상이 하나로 연결되어 경계가 사라지는 지금, 홀로 가두고 닫아 맨 채 자력갱생을 외친다. 조국애라는 선전구호도 들녘 한 가운데에 우뚝 세워졌다. 그들에게 조국은 무엇인가? 누구를 위해 종은 울리는가? 한 겨울 뼛속을 에이는 매서운 눈발이 사람들의 얼굴을 할퀸다. 차갑고도 시리다.

23

압록강에 일렁이는 고뇌

  압록강 물결을 헤치며 한 척의 배가 지나간다. 갑판위에 선 채 골똘히 사색에 잠긴 한 사내의 고뇌가 물결에 일렁인다. 무엇이 그로 하여금 그리도 깊은 상념에 잠기게 했을까? 북한과 중국이 공동 관리하는 강물이니 경계선은 그어져 있지 않다. 자유로이 물살을 가르지만 넘어서는 아니 될 이념의 물결만은 견고하다. 〈위대한 김정은 동지를 수반으로 하는 당중앙위원회를 목숨으로 사수하자〉고 새겨 넣은 붉은색 선전구호! 낡은 동력선이 압록강 물살을 가르며 〈만리마속도창조〉를 외쳐댄다. 사내들의 어두운 시름이 하얀 강물에 부서진다. 저 배가 닿을 포구는 어디일런지...

02   여성은 꽃이라네

북조선에서 여성으로 산다는 것

　압록강변에 매서운 겨울바람이 내려앉았다. 어머니로 살아가야 하는 억척스러움 때문일까? 아니면 여성들을 나라의 꽃이라 치켜세우며 영웅이 되라하는 선전 때문일까? 북한에서 여성으로 산다는 건 순간순간을 견뎌내야 하는 고통의 연속인 듯하다.

　한줌의 배추를 등에 짊어지고 수 십리를 걸어가는 여성, 꽁꽁 얼어붙은 땅에서 땔감 두어 개를 주워 가는 여성, 한 보따리나 되는 짐을 자전거에 싣고 강둑을 가르는 여성, 식량보따리 하나 둘러매고 어디론가 발걸음을 재촉하는 여성, 추위에 빨갛게 달아오른 볼에 맨손으로 작업하는 여성, 시리도록 차가운 강물에 발 담그고 빨래하는 여성… 그렇게 한겨울을 또 견뎌내야 하는 조선의 여성들에게 따스한 봄바람은 언제쯤 일렁이려나? "여성은 꽃이라네, 나라의 꽃이라네"라며 부르는 북한노래 가사처럼 그녀들의 삶도 봄볕을 노래하는 한송이 꽃처럼 찬란하기를…

한겨울 압록강에 손을 담그다

'손이 시리다'는 표현만으로는 아무래도 부족하다. 차디찬 압록강 물에 손가락 하나 잠시 담갔을 뿐인데 손마디가 떨어져 나갈 만큼 아렸다. 살갗에 닿은 바람이 따가울 정도로 추위는 매서웠다. 장엄한 물줄기를 자랑하며 유유히 흐르는 압록강도 일렁이는 물결 그대로 얼어붙었다. 그런 추위에 북녘의 여성들은 두꺼운 얼음장을 깨고 빨래터를 만들었다. 시리도록 차가운 강물에 두 손 호호 불어가며 옷을 헹궈낸다.

한껏 물을 머금은 옷을 통에 담아 머리에 이고 미끄러운 빙판길을 수백 미터는 걸어가야 겨우 집에 닿는다. 그렇게 하루하루를 견디며 살아내야 하는 조선의 여성들... 사회주의 지상낙원이라 말하는 북한에서 여성으로 산다는 건 생애 다함없는 고통의 세월을 그저 견뎌내야 하는 일인가 보다.

빨래를 허락하노라

　빨래하러 강변에 나가는 일은 결코 낭만이 아니었다. 초소에서 허락을 받고서야 강변으로 향하는 철조망 문은 열렸다. 정해진 시간에만 허락을 받고 드나들 수 있는 곳, 무엇을 막고 또 지켜야 하는지…

우물가의 여인

북한에서 동네 우물이나 강가에서 물을 길러서 쓴다고 탈북민이 말했을 때 처음에는 믿지 않았다. 한국에 와서 수도꼭지만 틀면 물이 나오고, 싱크대로 물을 흘려보내는 게 너무 감사한 일이라 했다. 북한의 인프라가 아무리 열악해도 설마 그 정도일까 생각했다. 사회주의 지상낙원이라 선전하는 북한정권이 아니던가! 2019년 새해 첫날, 북중접경을 달렸다. 온도계는 영하 25도를 가리켰다. 압록강변 바람이 마치 날카로운 송곳처럼 살갗을 스쳤다. 그런 혹한의 추위에 아랑곳없이 북녘의 여성들은 강물에서 질긴 삶을 이어갔다. 물을 길러서 쓰는 정도가 아니라 한 동이의 물을 구하는 과정은 그야말로 고통 그 자체였다. 꽁꽁 얼어붙은 강변에 나와 두꺼운 얼음을 깨고 빨래를 하는가 하면, 눈썰매에 물통을 끌고 옮길 수 있으면 그나마 나은 편이었다. 머리에 물통을 이고 미끄러운 빙판길 언덕을 오르며 집으로 돌아가는 여성들의 뒷모습은 너무도 마음을 아리게 했다. 평양이 아닌 시골이기 때문에 그럴 수 있다고 말하지 말자. 만약 그대의 딸이, 그대의 아내가, 그대의 어머니가 한 짐의 빨래를 머리에 힘겹게 이고 다른 한 손에는 물통을 든 채 그 길을 걸어간다 해도 그리 말할 수 있을까? 북한을 악마화한 우리 사회의 이념적 편향성이 문제라는 말은 더더욱 하지 말자.

누군가에겐 한 줌의 물을 구하기 위해 살을 에는 고통을 감내하도록 해놓고, 자신은 홀로 높은 자리에 앉아 만세를 부르라 하면 그건 분명 악마에 지나지 않는다. 자신의 권력을 유지하는 데만 관심 둘 것이 아니라 진정 남북한 주민이 함께 행복할 수 있는 길을 만들어야 한다. 그들에게 지금 필요한 건 사람이 사람답게 살 수 있는 길을 만들어주는 일이다.

공동우물에서 물을 길러가는 모습

아이야. 너가 살아갈 세상은 이와 같지 않기를...

누군가의 마중물

펌프 하나를 가운데 두고 한 무리의 여성들이 모였다. 힘겹게 펌프질을 수차례 하고서야 물통 하나를 겨우 채울 수 있었다. 한손으로 들고 향한 곳은 거름더미가 쌓여 있는 곳이었다. 물 한 양동이 부어 놓고 또 돌아오기를 수차례. 그렇게 올 한해 농사채비를 위한 마중물이 된다. 그녀들도 누군가의 마중물이었음을...

김정숙과 '석전양복점'

　　　　북한의 행정구역 중에는 김씨 일가의 우상화를 위해 지어진 지명들이 많다. 대표적으로 김형직군(후창군), 김정숙군(신파군), 새별군(경원군) 등이다. 그 중에서 신파군이 김정숙군으로 명칭이 바뀐 데는 특별한 이유가 있다. 중국에서 김일성과 함께 조국광복회라는 이름으로 활동하던 김정숙은 1937년 신파나루터를 통해 다시 국내로 들어온다. 북한 문헌을 살펴보면 당시 김일성은 김정숙에게 군자금을 마련하고 신파군에서 지하혁명 조직망을 확대하라는 명령을 내렸다고 한다. 김정숙은 신파군에서 지하혁명 조직 거점으로 〈석전양복점〉이라는 곳을 활용했다.

　　　　압록강 건너 손에 잡힐 듯 가까운 곳에 위치한 김정숙군에는, 멀리서 봐도 눈에 띄는 일본식 건물이 있다. 바로 김정숙이 활동했다는 석전양복점을 당시 모습 그대로 재현하고 혁명유적지로 활용하는 곳이다. "항일여성영웅 김정숙 동지를 따라 배우자"는 선전 구호가 마을 곳곳에 즐비하고, 동상과 대형 그림판이 세워져 있다. 조국을 구한 영웅의 삶을 기리는 것은 당연하다. 하지만 왜곡되고 날조됐으며 한 사람의 권력을 유지하기 위한 선전과 우상화에 지나지 않기에, 영웅이라 칭할 수 없음도 당연하다. 한겨울 매서운 삯풍이 온 집안을 흔들고 땔감 한 줌에 기나긴 겨울밤을 지새울지라도, 혁명유적지 근처 나무는 절대 훼손하면 안 되는 거룩한 성물로 숭상하는 곳. 김정숙을 형상화한 대형그림판 아래 아이들의 웃음이 묻힌다.

신파나루터와 석전양복점 전경

북한문헌

북한문헌 중 석전양복점 내용

그녀의 자전거

"그녀의 자전거가 내가슴에 들어왔다"는 어느 광고 카피는 첫사랑의 설렘을 노래했다. 자전거를 타고 지나가는 사랑스런 연인의 화사한 모습이 그대로 안겨온다. 하지만 북녘 여성들의 자전거는 그런 낭만을 이야기 하지 않는다. 그녀들의 자전거는 생존이자 어머니의 억척스러움이다.

누구에게 줄 꽃다발일까

집으로 가는 길

엄마의 마음

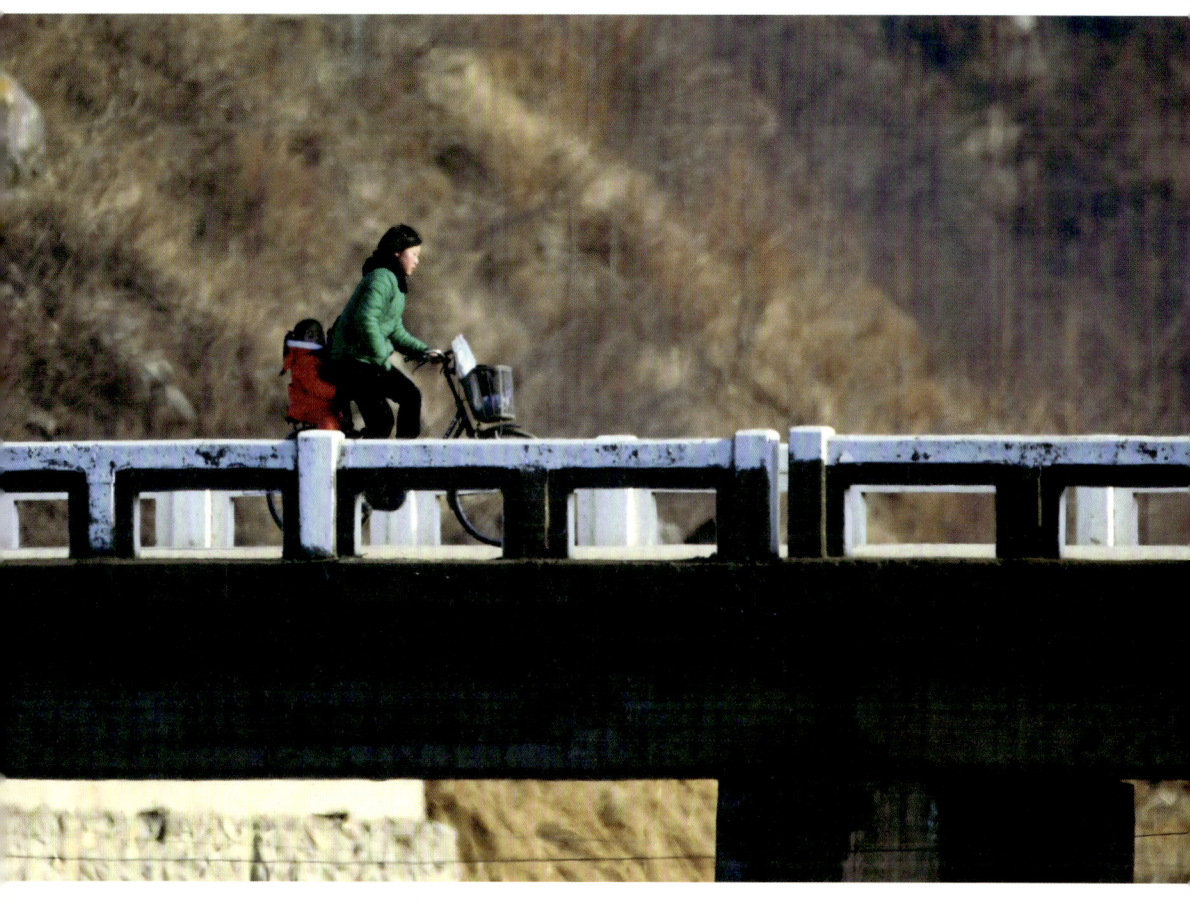

03 우리식대로 살아나가자

디딜방아 찧는 사람들

황량한 북녘 마을 한편에 우뚝 솟은 나무 한그루가 멀리서도 보였다. 뙈기밭이나 땔감으로 쓰기 위해 나무를 거의 베어낸 북한땅에서는 보기 드물 만큼 우람한 크기였다. 놀라움을 금치 못한 건 나무 아래에서 방아질을 하는 사람들을 보고 나서다. 처음에는 눈으로 보면서도 믿어지지 않았다.

'방아 찧기'라는 말은 국어사전에서 찾아봐야 할 만큼 생소한 단어가 되었다. "디딜방아는 발로 밟는 쪽이 하나로 되어 있는 외다리방아와 둘로 되어 있는 양다리방아가 있다(국어대사전)..." 두 명의 여성이 디딤질을 하고 또 다른 여성은 연신 곡식을 넣고 거둔다. 한겨울 거름전투를 위해 소달구지에 인분을 실어 나르고, 한쪽에서는 방아를 찧는다. 천진난만하게 들판을 뛰어 다니는 아이들의 때깔 옷이 거름더미에 묻힌다. 21세기 문명과 야만일까? 한가로운 농촌 마을의 아름다운 풍경이라 말한다면 그들에게 또 다른 죄를 범하는 것이리라. 세상 그 누구도 저리 살아가야 할 이유는 없다. 독재자로 인해 수많은 사람들의 행복이 고통으로 찧어진다.

손수 만든 탁구대

한적한 시골마을 한편에 지붕을 엮어 만든 체육관. 손수 나무를 깎고 이어 붙여 탁구대를 만들었다. 가벼운 탁구공 하나가 압록강 바람을 정면으로 거스른다. "11월 사고방지대책월간"에는 어떤 일이 벌어질까?

혜산시 역전백화점은 주상복합

　　양강도 혜산시 역전백화점 앞은 택시며 사람들로 북적인다. 아파트 건물 1층에 자리한 역전백화점은 북한식 주상복합 건물인가? 〈3대혁명 붉은기쟁취투쟁〉이라는 붉은색 선전구호만 없었다면 아마 우리네 상점과 같은 모습이었을지도 모르겠다. 〈사진, 시계, 도장, 가스〉를 판매한다는 간판, 신파특산물 식당 그리고 붉은색 선전구호...

장마당, 생의 몸부림

　　북한을 바라보는 두 개의 시선이 있다. 북한은 변했는가? 변하고 있는가? 어떤 지표로 바라보느냐에 따라 북한 변화를 바라보는 인식은 확연히 달라진다. 북한의 시장(장마당)이 확대되고 있다는 건 부정할 수 없는 사실이다. 장마당을 빼고 북한사회를 말할 수 없을 정도다. 그나마 사람들이 살아갈 수 있는 건 장마당 때문이라 해도 과언이 아니다. 그런 장마당은 바로 북한 주민들의 처절한 생의 몸부림이다. 독재자의 친근한 개혁개방 때문에, 인민생활향상을 간절히 원하는 지도자의 애민 때문이 아니라 온전히 북한 주민들, 그 아래로부터의 보이지 않는 힘 때문이다. 독재정권이라는 북한의 본질은 전혀 변한 게 없지만, 그걸 깨고자 하는 북한 주민들의 힘은 지금 이 순간에도 북한의 변화를 꾀하고 있다.

장마당에서 땔감을 사고파는 모습

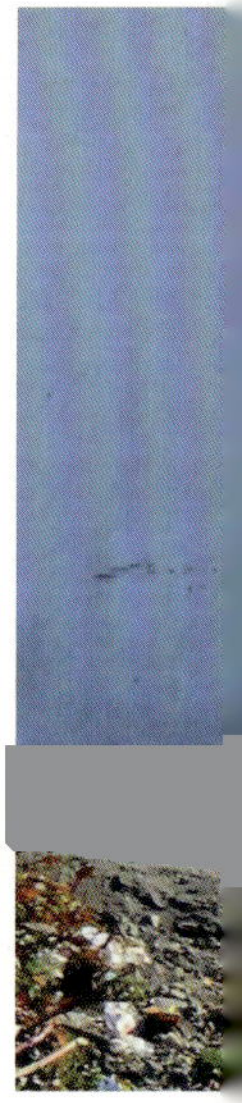

양강도 혜산시 장마당

04 자력갱생만이 살길이다

압록강 뗏목

아름드리나무를 얽히고 엮어 뗏목 하나를 만들어냈다. 가을날 따사로운 햇살이 물살에 내려앉아 반짝반짝 길을 내어준다. 압록강 물길을 굽어가며 거친 삶의 숨소리가 강줄기에 뿜어진다. 뗏목 위에 위태롭게 서서 방향키를 잡은 사내들의 팔뚝에 핏줄기가 서린다. 뗏목은 본디 사람을 태우고 강을 건넜을 터인데 압록강 뗏목은 사람이 뗏목을 건네어준다. 위태로운 강 위에 외로이 떠가는 뗏목 한 줌과 질긴 노동의 흔적들...

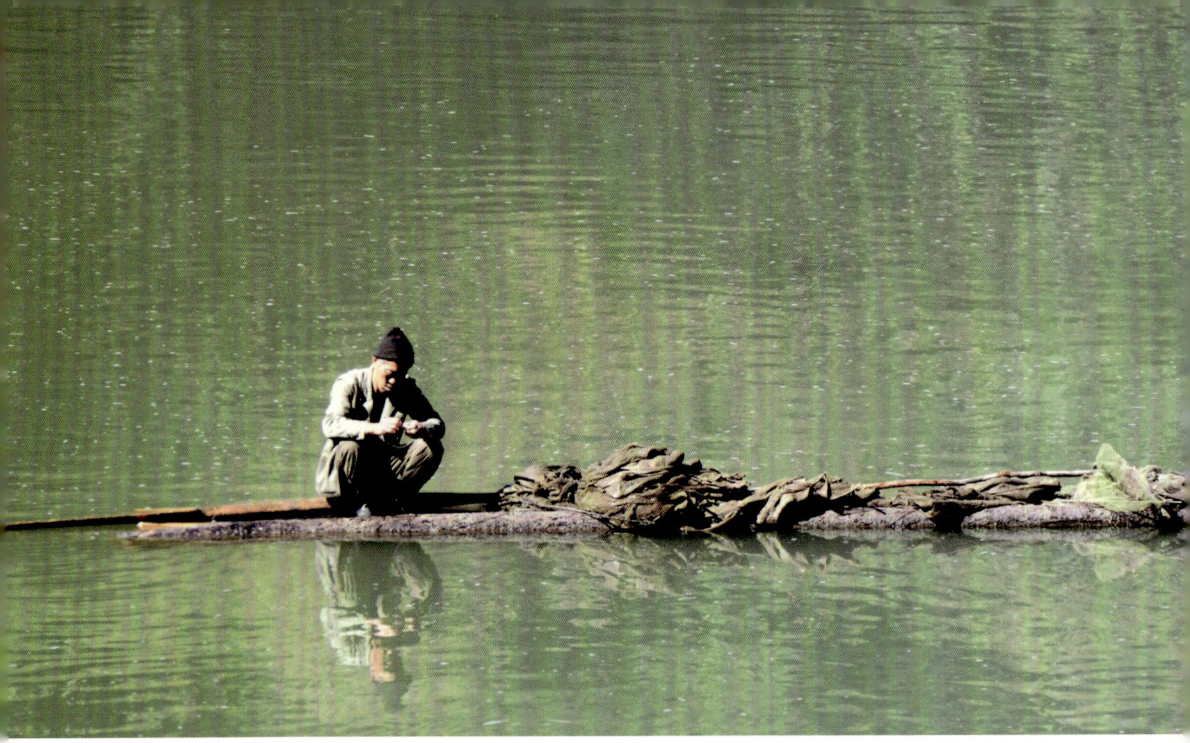

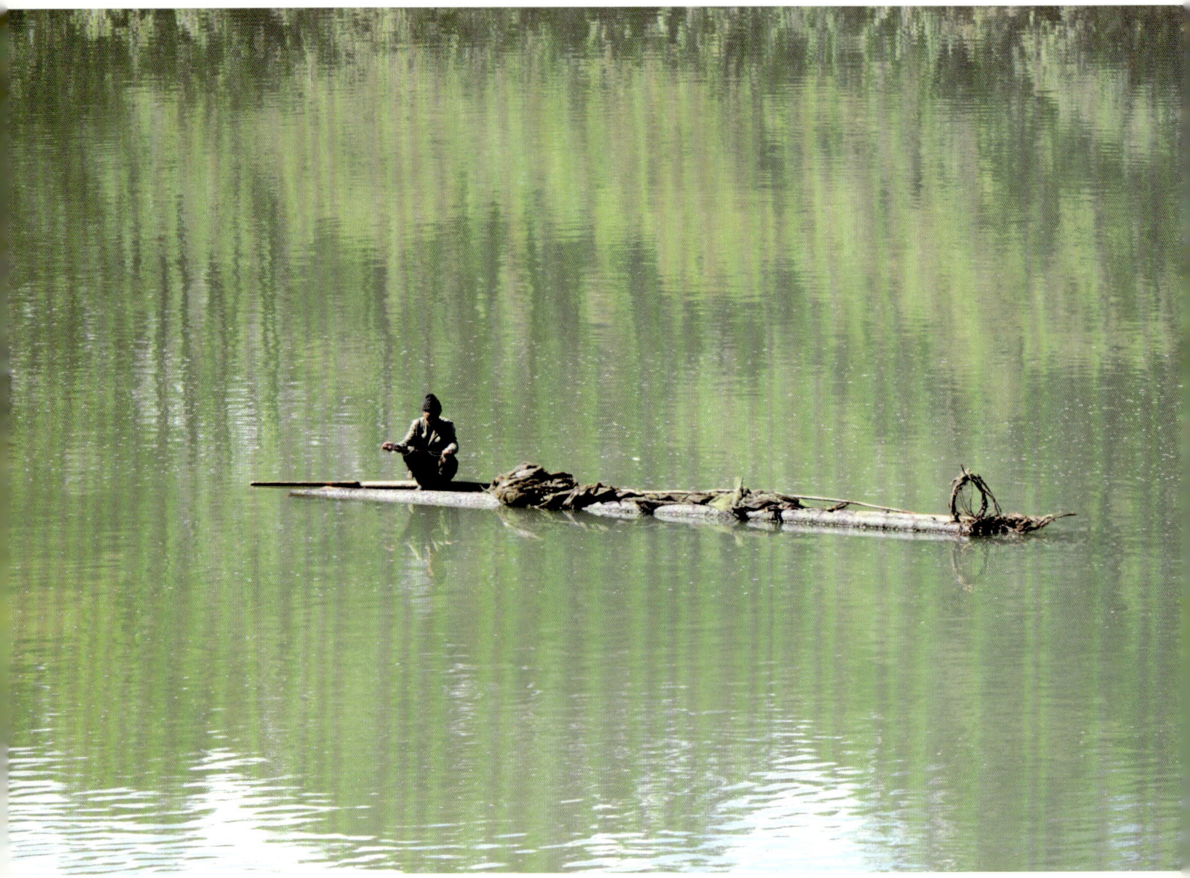

연탄 만드는 사람들

양강도 혜산시 혜탄동은 이름 그대로 석탄이 많이 나는 지역이다. 마을 한편에 큰 석탄공장이 우뚝 서 있고 개울가에는 시커먼 물이 연신 흘러든다. 지난 가을, 혜탄동을 지나며 이른 겨울을 준비하는 사람들을 만났다. 석탄공장에서 가져온 석탄가루를 수작업으로 일일이 찍어서 연탄을 만들고 있었다. 석탄가루에 물을 조금 뿌리고 틀에 넣어 찍으면 연탄 한 장이 완성되는 방식이다. 고된 작업이 이어져서일까? 잠시 연장을 놓고 모여 앉아 먹는 건 옥수수다. 종일 작업한 연탄이 집 앞에 가득 널렸다. 올 겨울 압록강 칼바람을 견뎌내는 따스한 아랫목 지펴질는지…

중강진의 만추

한반도에서 가장 추운 곳으로 알려진 중강진에 가을이 지나간다. 낱알이 거둬지고 옥수수단 베어지면 뼛속을 에이는 한겨울 추위가 매섭게 불어 닥칠게다. 〈위대한 김일성-김정일주의 만세〉, 〈경애하는 최고령도자 김정은 동지와 끝까지 뜻을 같이하자〉는 핏빛 서린 선전구호만 아니었다면 황금빛 가을 들녘의 풍성함이 온기를 채웠으리라. 너른 들판에서 아이들의 고사리 손 위로 옥수수 포대가 쌓이고 메마른 땅의 황폐함이 온 들녘에 넘실댄다. 아이야, 겨울이 오거든 봄을 기다리렴...

장마당을 지나는 택시

집집마다 지붕위로 난 굴뚝에 한가득 연기가 피어오른다. 아침 해가 막 떠오르기 전, 밥 짓는 연기일까? 아니면 잠시라도 따스할 집을 위해 난방을 해서일까? 앞을 분간하지 못할 정도로 연기가 온 마을을 휘감는다. 빨간 해가 떠오르고 연기가 걷히자 집들 사이로 난 골목에 시장(장마당)이 보인다. 하나둘씩 집 앞에 물건을 펼쳐놓고 손님을 붙잡느라 여념이 없다. 장마당 한가운데를 위용 있게 지나는 택시 한 대... 돈만 있으면 무엇이든 할 수 있는 비정상의 정상 국가 북한. 분주함이 이곳 역시 사람 사는 곳임을 말해 준다. 과거에서 현재를 살아가는 사람들...

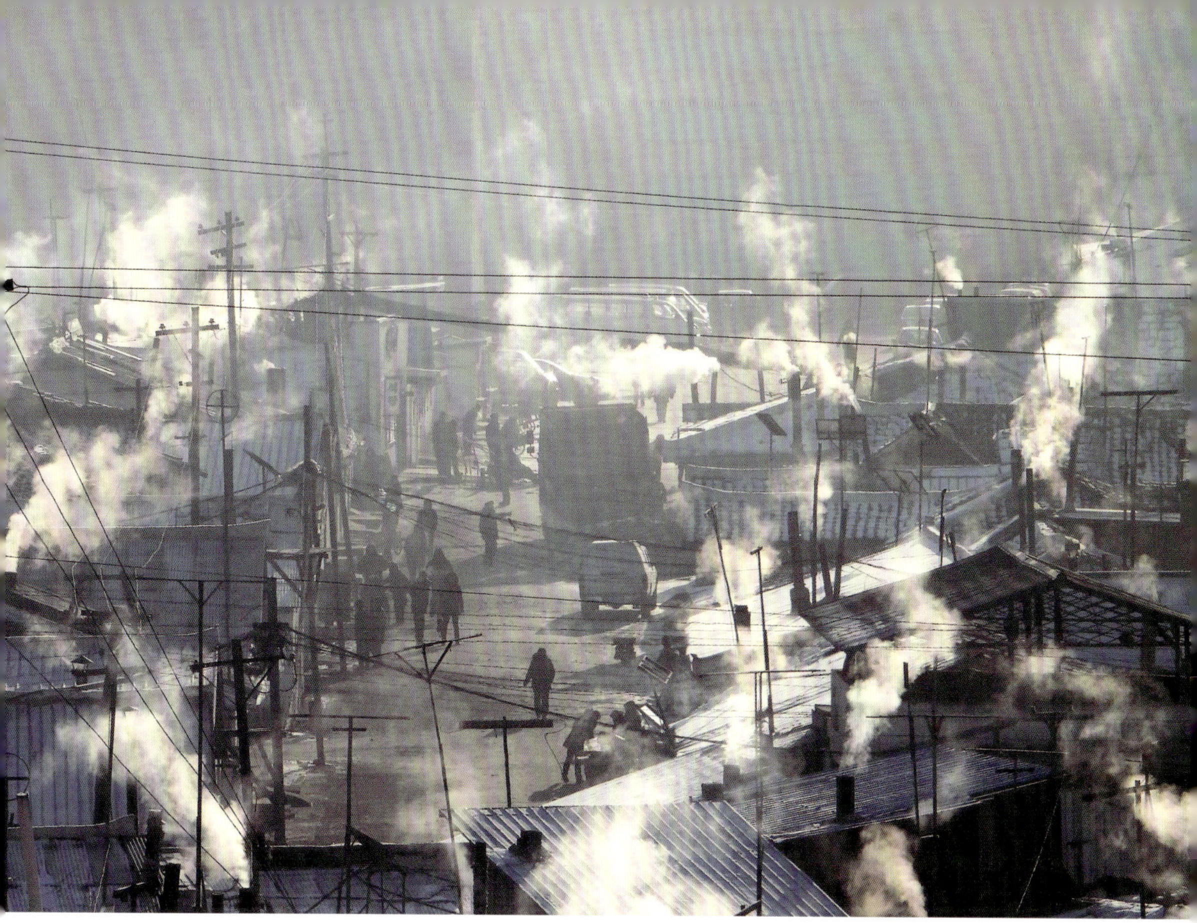

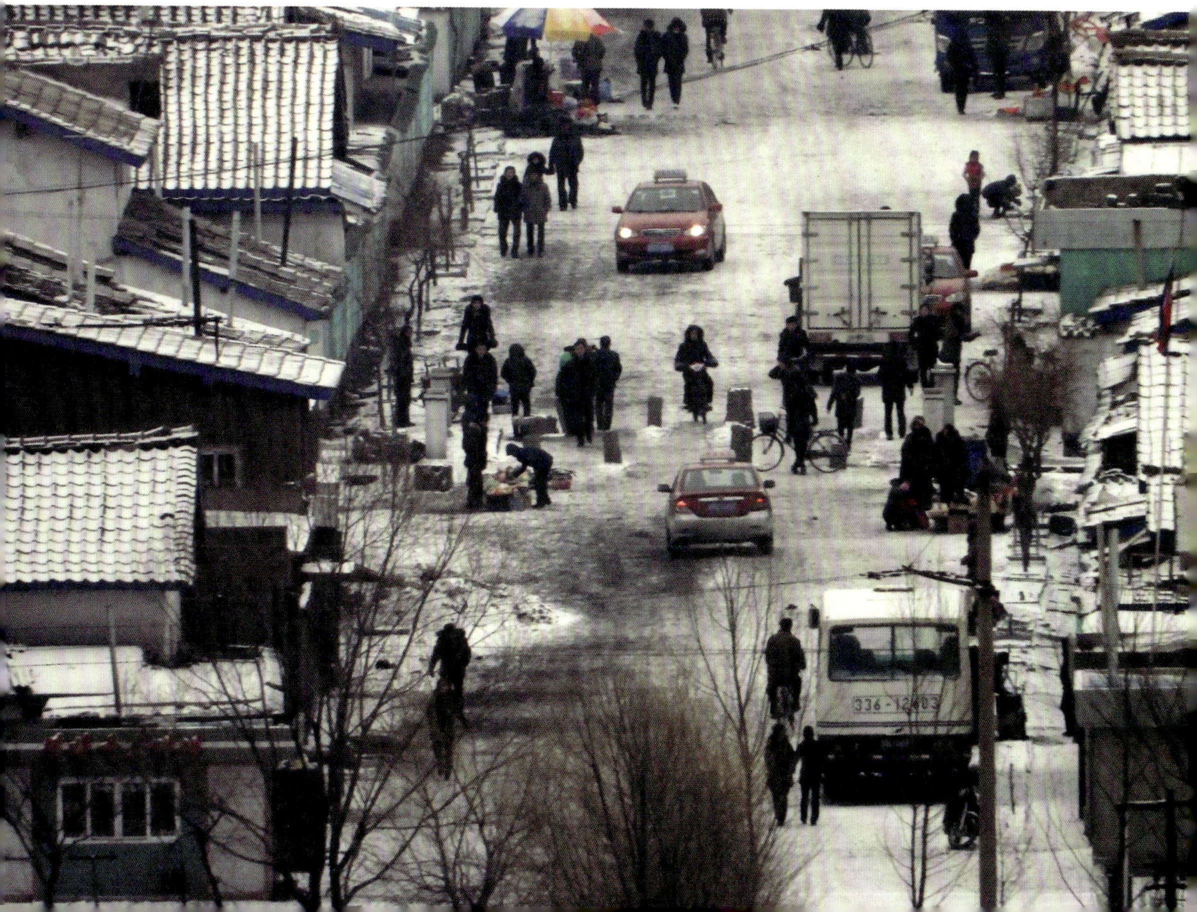
336-12403

자력갱생 버스

버스 앞에 붙여 놓은 선전구호는 '자력갱생'이다. 눈 내린 무채색의 도시에 붉은색 자력갱생 버스가 무심히 눈발을 휘날린다.

시골길의 제설작업

도로 위 제설작업은 소달구지에 싣고 온 흙을 퍼다 나르는 게 전부다. 삽자루 하나 둘러맨 채 도로 위 눈을 치우는 사람들.

2부

05   만리마속도창조
06   조선은 결심하면 한다
07   가는 길 험난해도 웃으며 가자

05 만리마속도창조

바깥세상이 너무 궁금해서였을까

한반도 제일 북쪽인 함경북도 온성에서 남쪽 끝인 황해도 해주까지 연결되는 기차가 지나간다. 찰나의 순간에 훅 하고 지나쳤지만 참으로 많은 것을 카메라에 담았다. '나서 자란 조국'이 아닌 중국땅이 궁금해서였을까? 창밖으로 고개를 내밀고 호기심 어린 눈길로 바깥세상을 아득히 쳐다본다. 창살 없는 감옥 마냥 닫힌 세상을 넘어 조그만 창문으로나마 사람 냄새를 맡아본다. 하지만 고개만 겨우 내밀 수 있는 창문 하나 여는 것도 쉽지 않다. 창문을 여는 장치가 고장 났는지 나뭇가지를 창틀에 괴어 놓았다. 저 강 건너에는 어떤 세상이 있을까? 그들도 분명 바깥세상에 무수히 많은 사람들이 자신들의 꿈을 이루기 위해 살아가고 있다는 것을 알게 된다면 생각이 바뀔 것이다. 자신들이 살고 있

는 곳이 결코 인민의 낙원이 아니라는 사실을... 온성에서 해주를 향하는 기차를 바라보며 또 누군가는 눈물 지을 것이다. 남쪽에 살며 북녘 고향을 가슴에 묻고 사는 사람들 말이다.

중국 단둥과 평양을 오가는 기차

〈제2의 천리마 대진군〉호 기차가 달린다

눈 내린 산모퉁이를 돌아 열차 한 대가 기적을 울리며 달려온다. 〈최후승리〉라는 푯말을 정면에 위용 있게 써 붙이고 산자락을 휘감아 돈다. 〈제2의 천리마 대진군〉호라고 쓰인 기관차 옆에 빨간색 글귀가 눈에 띄었다. "위대한 령도자 김정일동지께서 보내주신 선물기관차(주체 88)"라고 쓰였다. 지금 2019년이 주체 108년이니 주체 88년이면 20년 전에 김정일이 선물로 보내주었다는 기관차다. 20년 동안 3대혁명 승리를 위해 달리며 '영예상'을 수상했다는 푯말이 기차를 장식한다. 열차박물관에나 있을법한 낡은 기관차가 여전히 '최후승리'를 향해 달리며 제2의 천리마대진군을 외쳐댄다. 고난의 행군 시절, 기차 빵통 위에라도 올라탈 수밖에 없었다던 사람들. 영예상을 수상했다는 저 기관차 위에서 얼마나 많은 사람들이 죽거나 다쳤을까... 제2의 천리마대진군이라는 외침은 낡은 기적 소리에 파묻혀 공허한 메아리가 된다. 기차 하나에도 혁명을 실어야 하는 사람들... "오늘을 위한 오늘을 살지 말고 내일을 위한 오늘을 살자"고 선전하는 사람들이 여전히 어제의 오늘을 근근이 살아 내고 있다.

마을 앞을 지나는 기차

알록달록 기차가 마을을 지난다.
형형색색 화려함만큼이나 사람들의 설렘도 담았으면...
오래도록 헤어진 사람들의 그리움이 전해지는
낭만열차의 따스함, 저 곳도 그러했으면...

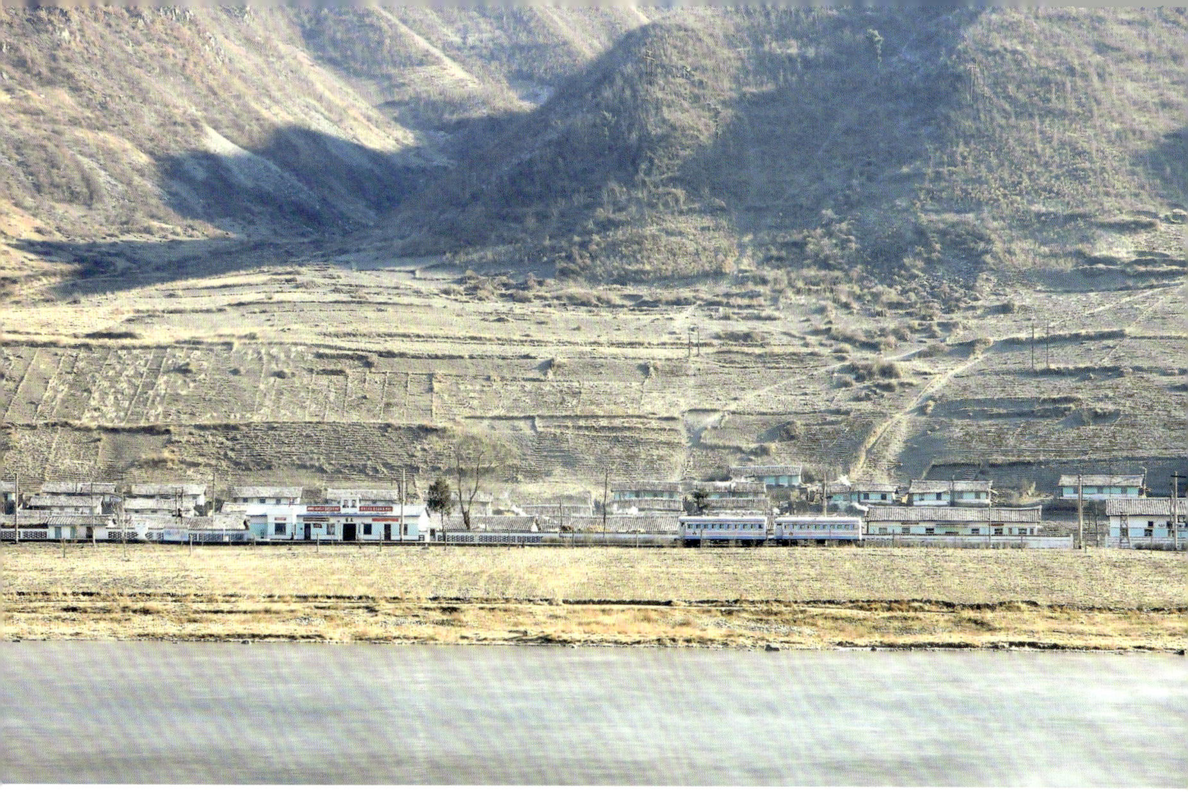

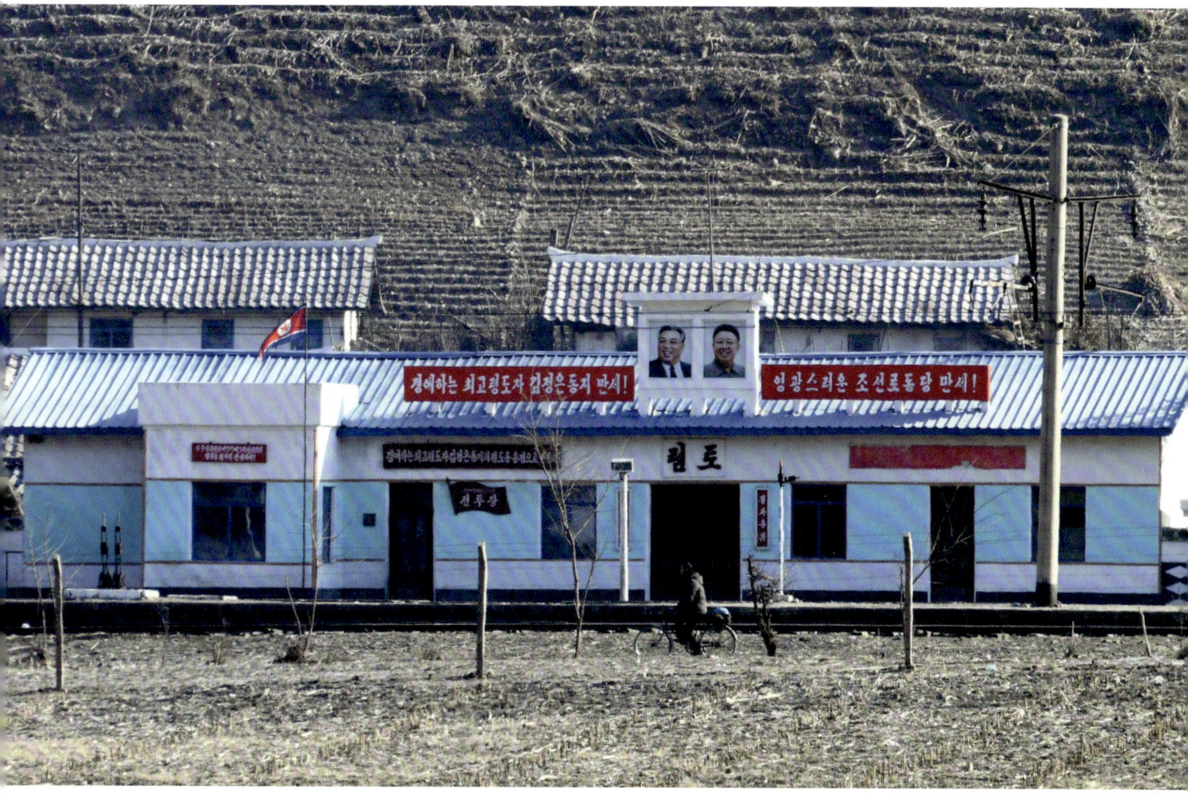
경애하는 최고령도자 김정은동지 만세!
영광스러운 조선로동당 만세!
림토

화물칸에 탄 사람들

기관차 위에 위태롭게 선 사람들...
화물칸 위에 짐짝처럼 버려진 사람들...
사람들이 있어야 할 곳에 사람이 없다.

현대(HYUNDAI) 포크레인

　산골마을에 소복이 눈이 쌓였다. 간이역으로 들어서는 화물기차 경적소리에 하얀 눈발이 산속으로 흩어진다. 길게 꼬리를 이은 화물차 위로 노란색 중장비가 눈에 띈다. HYUNDAI(현대)라는 영문표기를 보는 순간 카메라 렌즈를 확대했다. 기차화물칸에 포크레인을 싣고 가는 것도, 그 포크레인이 현대 제품이라는 것도 별반 놀랄 일은 아니다. 다만 그곳이 북한이 아니라면 말이다. 자강도 만포에서 양강도 혜산을 향하는 철로에서 만난 한국산 중장비 한 대에도 분단이 실렸다.

화물차 위의 사람들

화물차가 가는 곳에는 항상 사람들이 빼곡하다. 변변한 교통수단 하나 없이 살다 보니 화물차는 사람들에게 최고의 운송수단이다. 애, 어른 할 것 없이 자리를 차지하고 앉아 어디론가 향한다. 군인도 짐칸에 자리를 잡고 앉았다. 그마저도 인심이 좋아서 지나가는 차를 공짜로 얻어 탄 게 아니다. 누군가는 탈 것이 필요하고 또 다른 누군가는 돈이 필요하다. 사람과 짐이 한데 엉켜 비포장도로를 그냥 내달린다. 희뿌연 먼지에 흩날리는 무표정의 사람들...

고장 난 버스는 어제도 오늘도 그 자리

첩첩산중 시골길에 버스 한 대가 멈추었다. 〈신의주-벽동〉을 오간다는 버스를 알리는 노선표만 덩그러니 붙어 있고 승객들은 보이지 않는다. 온 천지가 하얗게 뒤덮인 눈 내린 오후, 고장 난 버스를 버리고 승객들은 저마다의 길을 가버렸나 보다. 차를 수리하고자 분주히 오가지만 좀처럼 쉽지 않은가 보다. 그 다음날 다시 이곳을 찾았을 때, 버스는 여전히 그 자리에 있었다. 버스는 달릴 줄을 모르고 사람들의 시름만 하루 더 쌓였다.

내나라 제일로 좋아

버스에 붙은 광고(?) 선전 문구는 "내나라 제일로 좋아"...

산간 마을을 지나는 버스

산간마을 옥수수 밭 사이로 버스 한 대가 지나간다. 산골 비포장 도로를 천천히 오르내리는 버스에 사람들이 빼곡하다. 먼 길을 하염없이 걷거나 자전거에 의지해 겨우 이동할 수 있는 산속 시골마을이라 그런지 버스 한대가 왠지 정겹기까지 하다. 파아란 가을하늘 빛을 닮은 듯 흰색 바탕에 파란색 줄을 그었다. 낡고 녹슬어 타박타박 걸어가는 듯 느린 속력이지만 그마저도 산속 길을 휘감아 돌아 금세 사라져 버렸다. 저 길 끝에는 무엇이 있을까...

검문소를 지나는 택시

눈 덮인 산골마을 비포장도로 위로 택시 한 대가 달려온다. 승합차 형태의 택시에 참으로 많은 사람들이 빼곡히 들어앉았다. 검문소를 지나면서 택시에 탔던 사람들이 모두 내려 한명씩 검문을 받는다. 검문소를 통과한 뒤에야 다시 택시에 오르는 사람들... 택시조차 허락을 구해야 지나갈 수 있는 길...

택시는 멈추었고 사람들은 검문을 받는다.

문명과 야만

시골길을 달리는 택시

택시 타고 장군님 따라 천만리

06 조선은 결심하면 한다

보바치령을 넘는 써비차

트럭 한 대가 북한 혜산시 보바치령을 넘는다. 북한에서 일명 '써비차'로 불리는 개인돈벌이용 차량이다. 흙먼지 흩뿌리며 비포장도로를 달리는 트럭 짐칸에 사람들이 빼곡하다. 이제 막 가을걷이를 시작하는 10월의 첫날, 화창한 가을볕에 푸른 하늘을 올려다봄직도 한데 그들의 표정은 이미 한겨울을 지난다. 뼛속을 에이는 백두산자락 칼바람 앞에 잔뜩 몸을 웅크린 북녘의 사람들. 이 고개 넘어가면 무엇이 있으려나...

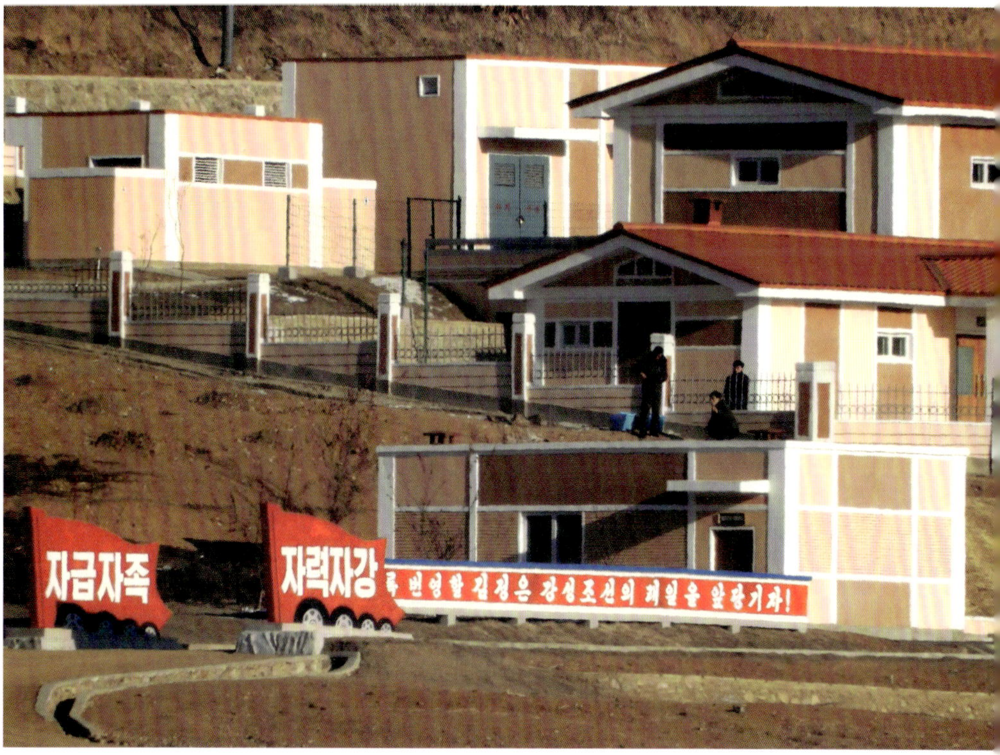
자금자족
자력자강
록 번영할 김정은 강성조선의 래일을 앞당기자!

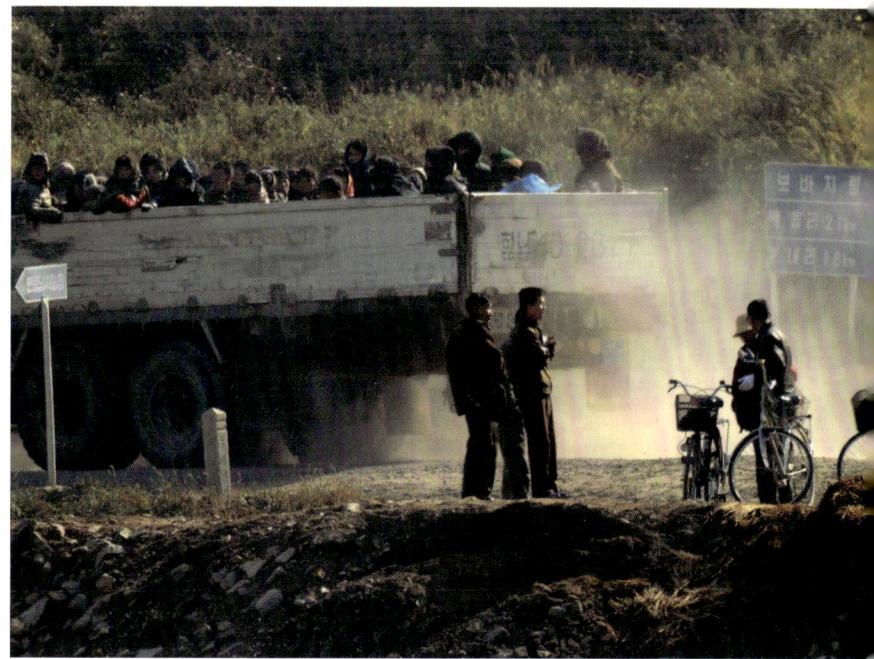

사회주의 강성국가 건설에로

한 장 두 장 벽돌을 포개고 얹어 고층건물 하나 강변에 우뚝 섰다. 하늘에 닿을 듯 높다란 건물이 위용을 뽐낸다. 회색빛 콘크리트의 견고함 마냥 튼실해 보이지만 비뚤비뚤 사람의 손으로 일일이 쌓고 다졌다. '만리마 속도전'이라는 선동구호 아래 밤낮없이 인력을 동원하고 제대로 된 안전장비 하나 갖추지 못한 채 외벽에 매달렸다. 고층건물 한 채 바라보며 북한경제가 좋아졌다 말하겠지만 실상은 돌격대 청춘들의 아픔이 켜켜이 쌓인 모래위의 집과 같다. 낡은 크레인 앞에 위태롭게 서 있는 사람들…

돌격대 청춘들의 고통이 겹겹이 쌓여진 시간의 흔적

삼지연군 건설

2016년 11월 김정은은 삼지연군을 '혁명의 성지'로서 국제적인 관광지로 건설할 것을 명령했다. 2017년 2월 22일자 노동신문은 "삼지연군 건설에 전당, 전군, 전민이 총 동원되어야 한다"는 사설을 실었다. 이후 공사현장에 돌격대를 비롯해 주민들의 강제동원이 계속되고 있다. 김정은은 2018년 세 차례나 삼지연 건설현장을 현지 지도했다. 삼지연군 건설에 동원된 사람들이 트럭 짐칸에 가득 올랐다. 영하 30도의 매서운 혹한에 눈만 빼꼼히 드러낸 채 강제동원의 길을 달리고 있다. 누군가 한 사람이 태어난 곳을 성지라 칭하며 사람들의 희망을 흙더미에 파묻어 버리는 나라... 낡은 트럭위에 앉은 북녘사람들의 표정에 한 맺힌 서릿발이 내린다.

삼지연군으로 향하는 동원기차

노력동원

맨손으로 산을 옮기는 사람들이라 표현해야 할까? 낯선 이의 카메라를 보고 잠시나마 시선을 안겨준다. 노력동원이라는 말로 작업장에 내몰리는 사람들. 검정색 선글라스를 낀 채 주머니에 손을 넣고 선 사람은 누구일까?

왕재산회의

1933년 3월 11일 김일성은 유격대를 이끌고 함경북도 왕재산에서 '온성지구 지하혁명조직책임자 및 정치공작회의'를 소집하고 연설을 했다. 일명 왕재산회의로 불리는 이 자리에서 그의 연설문 제목은 '무장투쟁을 국내에로 확대 발전시키기 위하여'였다. 이 회의를 기념하기 위해 '왕재산 혁명사적기념비'를 조성했다. 조형물의 높이가 66미터이니 멀리서 봐도 한눈에 그 위용이 드러난다. 바벨탑을 쌓는 통곡의 세월이여...

07   가는길 험난해도 웃으며 가자

같은 공간, 다른 시간

생명이 움트고 돋아나 초록의 빛깔이 눈부시다. 생을 마감한 자리에는 황량한 바람만이 고갯마루를 휘감는다. 삶의 언저리가 저 고개와 같을지니 오르다 보면 다시 내려갈 때 있겠지만, 천리길 낭떠러지를 조심스레 내딛으며 또 하루를 견뎌내야 하는 사람들...

10월, 강가에 선 사람들

10월이면 가을의 문턱을 훨씬 넘어 제법 찬바람이 강가로부터 불어온다. 한여름의 더위를 식힘도 아닐 진데 아이는 벌거벗고 강물에 발을 담갔다. 압록강 얼음이 얼기 전 흐르는 물줄기를 조금이라도 담고 싶어서일까. 가을볕 햇살 아래 파란 물줄기가 만추를 맞는다. 강둑에 묶인 하얀 쪽배는 압록강 물길을 헤치고 어디든 갈 수 있을까? 건너지 못하는 배, 건너서는 아니 될 길...

한 겨울의 길 위에서

한겨울의 길 위에서 사람들을 만났다. 웃음 짓지 않는 사람들... 인민의 행복이 나래치는 사회주의지상낙원에 정작 인민은 없다. 오늘 또 하루를 겨우 견뎌내고 살아내는 우리네 사람들...

찬 서리 내리는 새벽

아침밥 짓는 연기가 굴뚝마다 피어난다. 찬 서리 내린 새벽녘을 가르며 어디론가 향하는 사람들.

3부

08	조국의 국경을 철벽으로 지키자
09	장군님 따라 천만리
10	세상에 부럼 없어라
11	김정은 장군님의 참된 아들딸이 되자

08 조국의 국경을 철벽으로 지키자

국경을 지키는 군인과 개

압록강 기슭마다 촘촘히 드리운 철조망을 넘어야 겨우 빨래터에 이른다. 집 앞에 흐르는 강물이지만 자유로이 드나들 수 없다. 허락된 시간에만 겨우 강물에 손을 담글 수 있다. 집으로 돌아가는 길에 감시자를 만났다. 군인의 얼굴은 앳되고 경비견의 눈매는 우직하다. 군인과 경비견, 마치 한 운명처럼 느껴지는 건 왜 일까? 철조망에 비딱이 기대선 군인의 뒷모습과 또 다른 감시자... 그 자리에서 무엇을 지키려 하는지...

개털외투

　뼛속을 에이는 압록강 삭풍이 국경경비 초소를 휘감았다. 이른 아침, 외투를 뒤집어 쓴 채 눈만 빼곡히 내어놓은 군인을 만났다. 초소에서 밤새 추위와 사투를 벌였을까? 이제 막 초겨울 언저리에 들어서는 북녘땅이지만 한겨울 칼바람만큼이나 매섭고 시린가보다. 개털외투는 북한에서 군인들만 입을 수 있는 특별한 옷이다. 보송한 털옷이 목덜미를 감싸고 온몸을 덮지만 추위에 바들거리는 몸짓은 철조망을 넘는다. 이 겨울을 족히 견딜 만큼의 땔감은 넉넉히 쌓아두었는지...

개털외투의 비애라고 해야 할까? 국경경비대 군인들 모두가 개털외투를 입을 수 있는 건 아닌 모양이다. 경비병들이 교대하면서 개털외투를 건네받는다. 개털외투 하나도 내 것이 아님을...

군인들의 겨울나기

방금 구워낸 듯 김이 모락모락 나는 고구마를 한 입 베어 무는 군인을 마주했다. 두꺼운 털모자를 두르고 솜옷 마냥 두꺼운 군복을 덧입었다. 뼛속을 에이는 압록강변 삭풍에 온몸이 얼어붙을 지경이다. 차디찬 강바람에 빨갛게 달아오른 두 볼 사이로 호호 불며 까먹는 군고구마는 세상에서 가장 맛있는 간식이 될 터이다. 초소를 지키는 초병에게 잠시나마 휴식을 가져다준 노란 고구마의 속살이 왠지 다정스럽기까지 하다. 땔감을 주워 돌아가는 저 병사들이 먹을 고구마도 남겨져 있을까? 군인들의 차디찬 겨울나기는 언제쯤이면 끝날까...

모든 길은 감시초소로 통하다

압록강은 꽁꽁 얼어붙어 어디가 강인지 구별조차 쉽지 않다. 돌덩이 쌓아 올려 담벽을 만들고 철조망으로 막아 경계를 나누었다. 국경경비대 군인이 순찰을 다니는 길, 그 길에 수많은 헤어짐과 아픔이 묻혔으리라. 도로와 기찻길 옆으로 나란히 선 감시초소와 순찰길, 총 한 자루 둘러맨 채 타박타박 걷는 군인의 발걸음이 압록강 얼음장을 녹이려나...

인민군대는 작업중

얼음을 깨고, 물을 이고 가는 군인들

그대 눈에 비친 세상

그대에게 조선은 무엇인가

나이어린 소년 병사들

낡은 옷가지와 병사

매서운 눈매가 철조망에 꽂힌다.

사람이 꽃보다 아름다운 것을...

총탄 한 발에 원쑤 한놈씩 잡는 백발백중의 명사수가 되자

전군에 경애하는 최고사령관 김정은동지의 유일적령군체계를...

군인을 지켜주는 초소

한낮의 나른한 졸음 앞에 군인의 위세당당함도 한풀에 꺾여 버렸다. 마치 군인을 지켜주는 초소 마냥 작은 그늘 아래 몸을 숨겨준다. 무엇을 위해 저 자리에 섰을까? "어머니, 이 아들 자랑스런 장군님의 병사가 되어 한 목숨 조국에 바치렵니다" 어머니는 아들을 품었고, 아들은 조국을 품었으리라. 제 목숨 하나 아깝지 않을 조국이건만 누구를 위하여 종은 울리나...

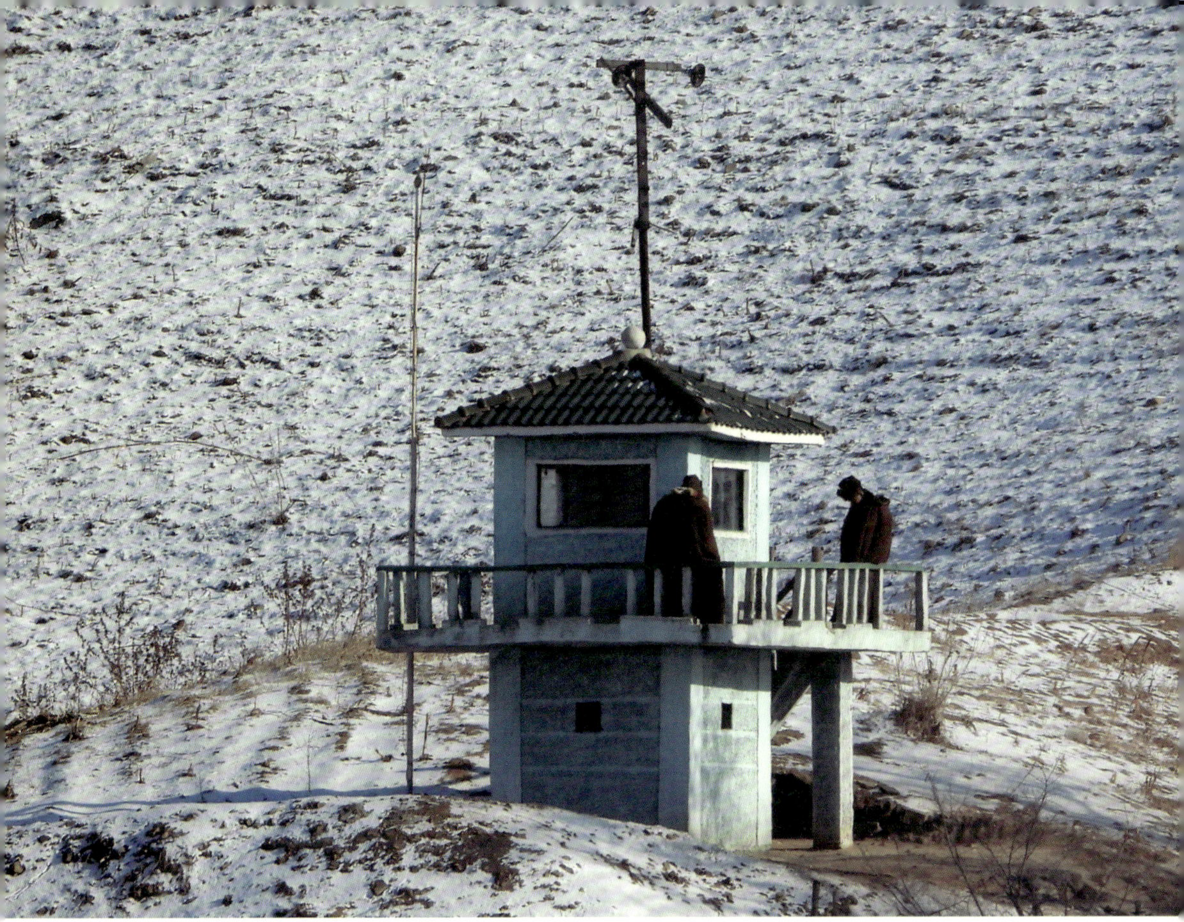

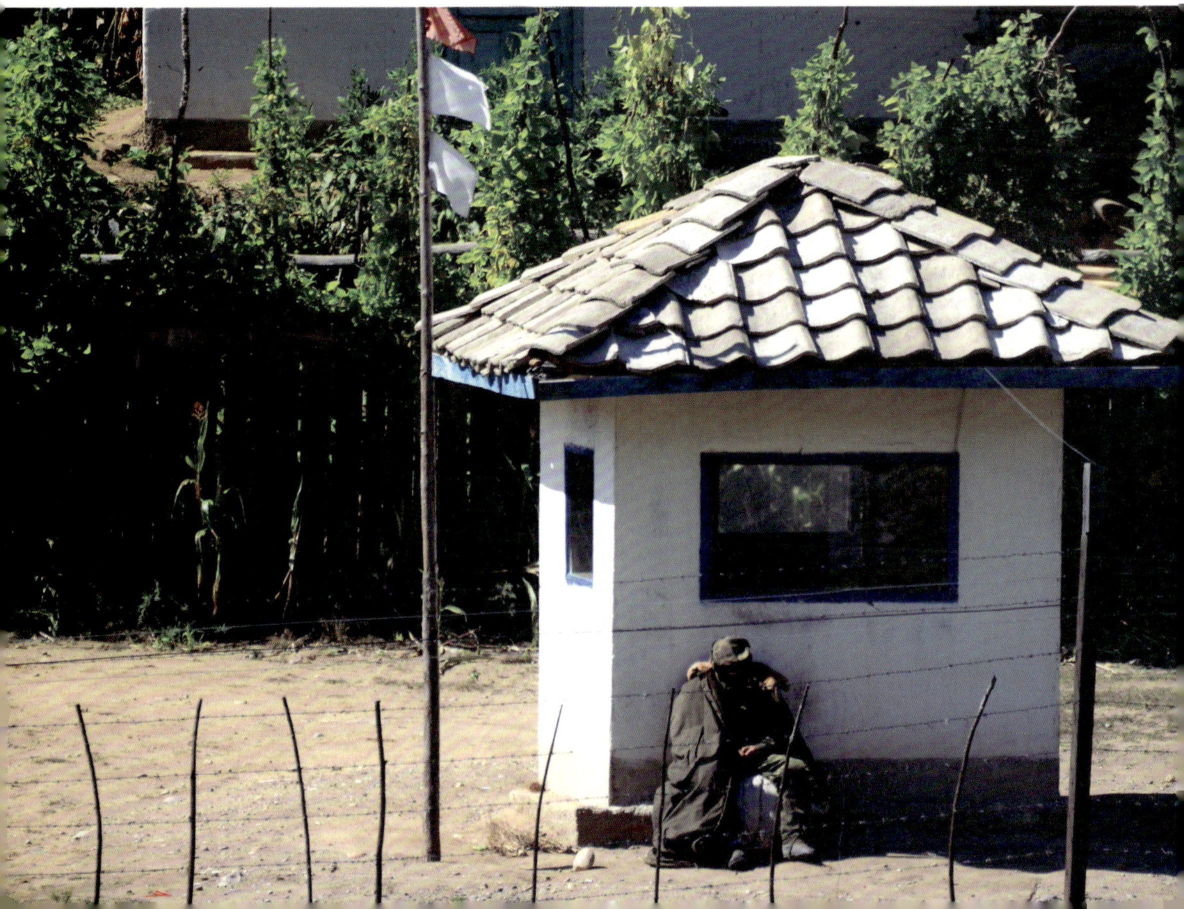

09 장군님 따라 천만리

'백두밀영에 타오른 그 불빛은 인민들이 나갈 길을 밝혀준다'고 외쳐댄다. '장군님 따라 천만리' 선전구호는 밤이 늦도록 조명을 밝혔다. 하이얀 눈발에 몸서리 쳐지는 붉은 깃발, 그 잔인한 세월이여.

소달구지 타고 천만리

소달구지가 지나는 황량한 들판, 시간의 속도가 멈춘 듯하다. 느릿느릿 세월을 담아 한가로이 거니는 낭만적 풍경이라 말한다면 소달구지에 묶인 노인의 시름을 너무 가벼이 여기는 것이리라. 뉘엿뉘엿 해 지는 들녘, 집으로 돌아가는 소달구지 위로 하루의 시름이 내려앉는다. 나무와 쇠가 아닌 그나마 타이어 바퀴가 달린 달구지라면 가는 길 조금이라도 쉬이 가려나…

빛을 밝히는 두 개의 어둠

밤을 맞는 도시는 두 개의 어둠만이 빛을 밝힌다. 김일성-김정일 초상화를 비추이는 불빛만 반짝이는 그들만의 낙원...

허상과 실상

어둠이 내린 북녘의 마을, 암흑천지로 변한 도시는 눈에 보이는 실상이요, 빛을 응축한 디지털기술은 허상이니 지금 우리가 북한을 보는 것도 이와 같으리. 볼 수 있는 것과 보려 하지 않는 것...

원수님 따라 하늘땅 끝까지

10 세상에 부럼없어라

세상에 부럼없어라

〈세상에 부럼(부러움)없어라〉는 빨간 글귀에 먼저 눈길이 갔다. 탁아소 건물에 내걸린 선전구호와 운동장에서 뛰노는 아이들의 슬픈 몸짓이 바스락댄다. 〈경애하는 김정은 장군님 고맙습니다〉라는 구호 앞에서 행복한 동심의 세계를 지나고 있을까? 저 바깥세상 건너에 또 다른 세계가 있다는 것을 알기나 할까? 아이들이 입은 형형색색 옷만큼이나 무수히 많은 사람들의 행복함이 넘쳐난다는 것을...

소달구지에 묻힌 아이의 꿈

오빠는 소잔등에 올라 고삐를 움켜잡았고, 여동생은 수레에서 오빠의 마음을 잡았다. 소를 부리는 아이의 손놀림은 노련한데 아직 자라지 않은 표정은 앳되기만 하다.

북한 자강도 문악리의 이른 아침, 소달구지를 타고 가는 아이들은 어디를 향할까? 추수를 앞둔 황금빛 들녘만 보면 풍성하고 넉넉한 가을날의 햇살이 다정한 남매를 웃음 짓게 한다.

하지만 "증산돌격운동을 힘있게 벌여야 한다"는 〈가을걷이 전투장〉에 보태지는 손길이라면 아이들에게는 너무 가혹하다. 한창 뛰어 놀 나이라는 말은 저 아이들에게도 똑같이 적용되어야 한다. 무심한 자전거와 오토바이가 휭하니 지나가고 아이들의 꿈은 소달구지에 묻힌다.

눈썰매장

얼음이 언 곳은 어디나 아이들의 놀이터가 되었다. 집 앞 마당은 눈썰매장으로 변해 아이들의 웃음이 끊이지 않는다. 아이들의 웃음에는 차가운 분단이 없다. 환한 웃음에 해맑은 꿈이 함께 자라났으면...

동무가 그립거든

쓰레기장 더미에 묻힌 꿈

아이야 봄이 오거든

너의 꿈은...

붉은깃발 아래 외할머니집

학교 가는 길

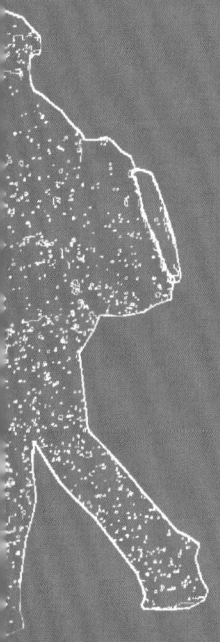

11 김정은 장군님의 참된 아들딸이 되자

14살의 김일성 동상과 소녀

압록강 건너 어렴풋이 황금색 동상이 시야에 들어왔다. 꽤나 강폭이 넓음에도 그 형상을 또렷이 볼 수 있으니 대략 그 크기를 짐작만 했다. 마침 그 때, 한 무리의 사람들이 동상 아래로 지나갔다. 혁명사적지를 답사하는 소년단 아이들이었다. 동상 발아래 선 아이들의 모습과 비교하면 그 규모는 실로 거대했다. 14살 나이에 압록강을 건너 항일무장투쟁의 길에 올랐다는 김일성의 모습을 형상화한 동상이다. 압록강 건너 중국 땅을 바라보는 아이들의 표정이 남다르다. 소년단 스카프를 맨 10대 소녀의 눈망울에 비친 압록강 건너의 세상.

아이야, 두 눈에 가득 담긴 너의 꿈을 펼치려무나.

강 너머 또 다른 세상이 있음을...

광복의 천리길

한 무리의 아이들이 산비탈길을 걷는다. 저마다 한 짐의 배낭을 짊어지고 붉은 깃발 높이 든 선두를 따라간다. 배낭에 달린 하얀색 표지가 눈에 띄었다. 사진을 확대해 보니 '총폭탄', '일당백', '백두의 혁명정신'이라 쓴 글귀가 보였다. 각오를 다지는 구호일까? 북한의 아이들은 14살이 되면 준군사조직인 〈붉은청년근위대〉에 가입한다. 10일 이상 계속되는 행군과 숙영을 하는 야외훈련에 참가하는 것도 이 시기다. 사춘기 소년의 수줍음은 생각할 겨를도 없이 붉은깃발 아래 군인으로 자라간다. 고갯마루 넘어가면 무엇이 기다릴까? 뚜벅뚜벅 발걸음을 옮기는 아이들의 거친 숨소리가 희뿌연 흙먼지에 묻힌다.

엄마 품은 따스할까?

평안북도 삭주군 청수마을에 어김없이 겨울이 찾아왔다. 밤새 소복이 쌓인 눈이 겨울을 재촉한다. 빨개진 볼에 입김이 서릴 정도로 시린 압록강변의 아침. 나란히 자전거페달을 밟고 가는 두 사람은 부부일까? 아내의 등에는 두 사람의 소중한 사랑이 업혔다. 얼굴도 보이지 않게 꽁꽁 동여맨 엄마의 마음이 아이에게 전해질까? 등허리를 감싸는 따스한 어미의 체온이 북녘의 겨울을 녹인다. 어김없이 찾아온 차디찬 겨울을 견뎌내는 것이 얼마나 혹독한 일인지 아이는 알까? 아이야, 파란 봄이 오면 철조망을 걷어내고 너른 들녘을 함께 달려보자꾸나.

하나의 대가정

나란히 맞잡은 손. 그들을 가족이라 부른다. 아빠엄마 손에 이끌려 종종걸음 치는 아이의 모습. 사뿐히 걸음걸음 행복이 묻어나건만 철조망 안에 갇힌 한 식구의 꿈이란...

절벽위에 선 아이들

가파른 절벽위로 아이들이 위태롭게 앉았다. 한창 장난칠 나이의 개구쟁이 같은 얼굴이 압록강변에 어린다. 염소 떼를 몰고 다니는 아이들의 발걸음은 사뿐하다 표현해야 할까? 암벽 사이로 난 길들 위에 아이들의 웃음이 사그라진다.

4부

12	주체조선의 태양
13	최후의 승리를 향하여 앞으로
14	사회주의 지상낙원
15	발은 여기붙이고 눈은 세계를 보라

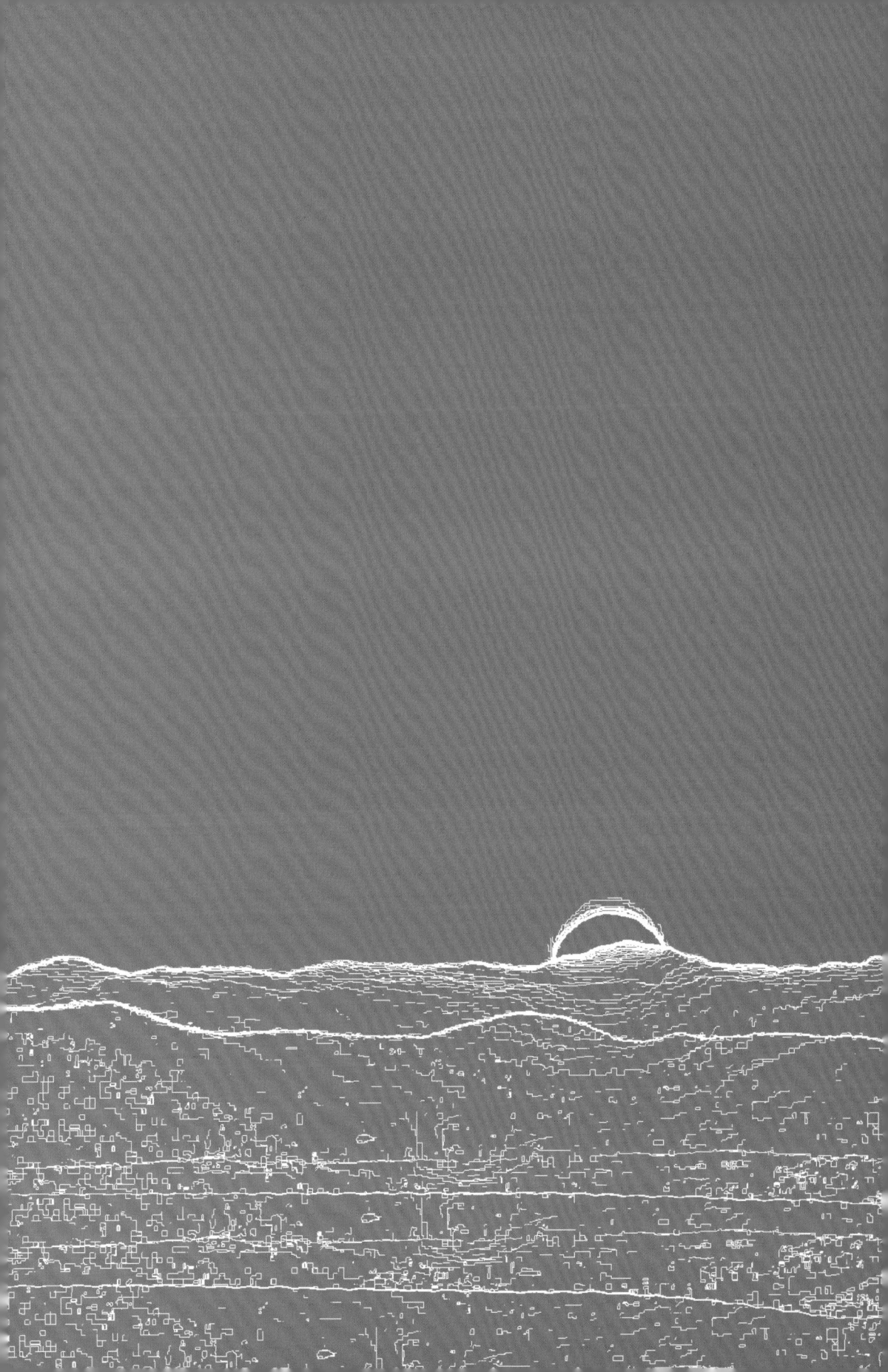

12 주체조선의 태양

새해 첫날, 신의주의 일출

중국 단둥(丹東)은 북한의 신의주와 압록강을 사이에 두고 맞닿아 있다. 동쪽의 붉은 도시라 해서 단둥이라 했다. 하지만 세상을 붉게 물들이는 찬란한 햇살은 단둥이 아니라 신의주에서 장엄하게 솟구쳤다. 2019년 새해를 여는 이른 아침, 북녘땅 신의주의 여명을 본다. 희뿌연 구름 사이를 뚫고 찬란한 빛으로 압록강을 붉게 적신다. 구름에 잠시 가려져도 그 웅장한 기운으로 끝끝내 세상을 따사롭게 한다. 남북한 모든 사람들에게 따스한 햇살 한줌 비추이기를 기도하다.

주체 108년, 새해를 축하합니다

자강도 〈만포시청소년체육학교〉 교문에 '새해를 축하합니다'라는 포스터가 눈길을 끈다. 같은 하늘 아래 살아가니 북녘도 새해를 맞는 시간은 똑같을 것이다. 하지만 2019년이라는 숫자 앞에 주체 108이라는 숫자가 하나 더 붙었다. 다름 아닌 김일성이 태어난 1912년을 기준으로 주체연호를 사용하기 때문이다. 북녘의 시간은 우리와 똑같은 2019년이 아니라 주체108(2019)로 표기된다. 같은 시간대를 살지만 그들만의 세상에 갇혀있다. 죽은자를 태양으로 섬기며 그 아들에 아들이 또 다른 태양이 된다. 사람들은 저마다 아파하는데 홀로 높은 곳에 앉아 만세를 부르라 한다. 새해 첫날 아침, 〈만포시청소년체육학교〉 앞을 지나는 북녘 사람들의 얼굴에 찬서리가 사뭇 내려 앉았다. 언제가 되어야 그들과 함께 송구영신 할 수 있을까...

영원히 우리와 함께 계신다

영생은 말 그대로 죽지 않고 영원히 산다는 것을 뜻한다. 처음과 끝이 정해진 사람이기에 이 세상에서 영원한 삶이란 존재하지 않는다. 회색빛 돌탑 하나 세우고 거기에 영생이라 새겨 넣었다. 누구도 훼손해서는 아니 될 가장 신성한 장소로써의 의미를 담아 사람들을 짓누른다. 김일성과 김정일은 영원히 함께 있다 하면서 정작 한 사람을 위해서 목숨을 바치라 한다. 인간의 삶과 죽음을 누가 결정할 수 있겠는가! 마을 한 가운데에 우뚝 솟은 영생탑 아래 매일같이 죽어가는 삶의 영혼들이 절규한다. "위대한 김일성 동지와 김정일 동지는 영원히 우리와 함께 계신다."

지옥의 묵시록

13 최후의 승리를 향하여 앞으로

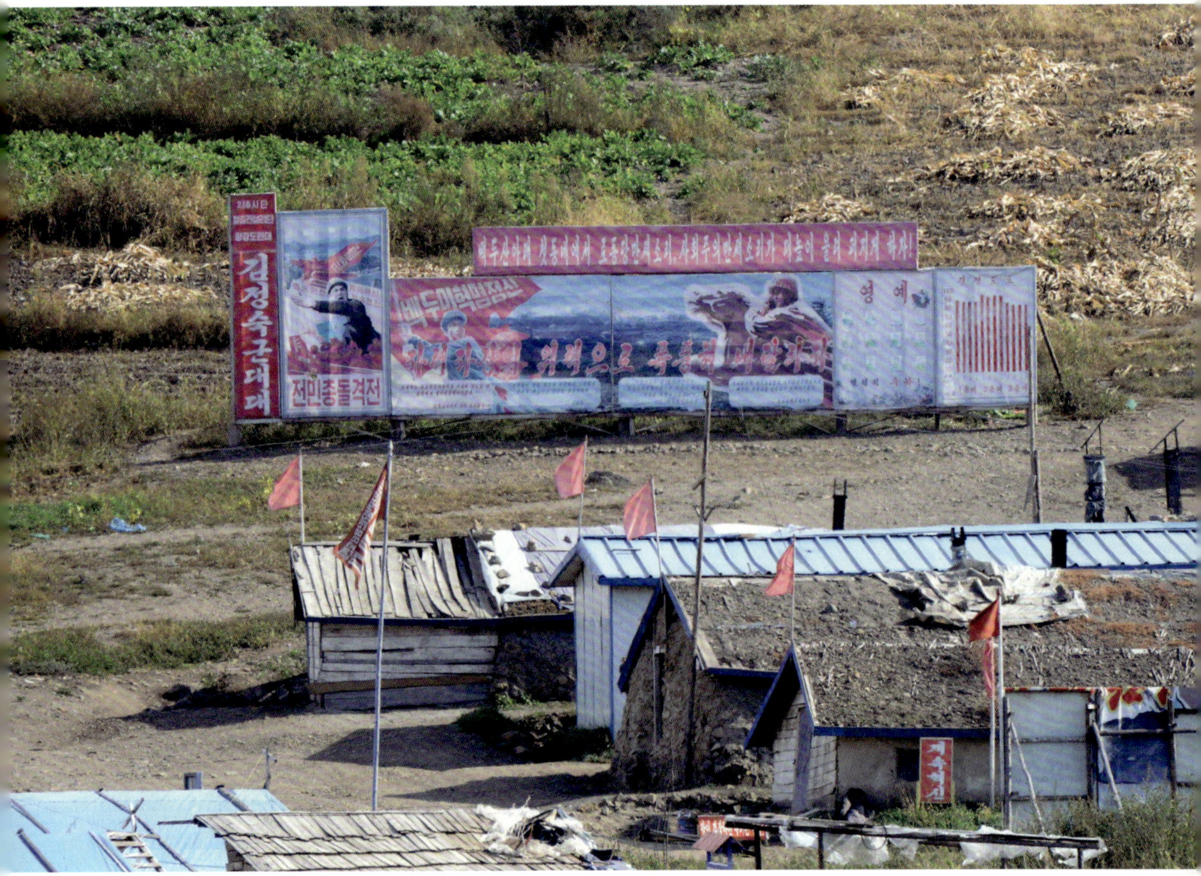
김정숙군대대
전민총돌격전
백두의혁명정신
영예

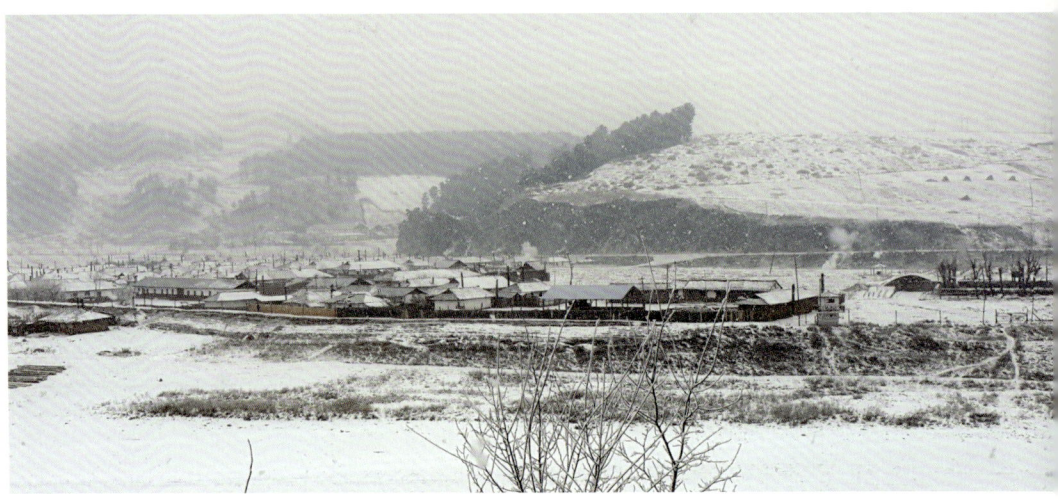

거름전투

압록강은 꽁꽁 얼어붙었고 밤새 내린 눈이 소복이 쌓여 어디가 강이고 어디가 땅인지 조차 분간이 안됐다. 아침 안개가 자욱한 강 건너 북녘마을에 유독 우뚝 선 조형물 하나가 멀리 보였다.

망원렌즈를 통해 당겨온 모습을 보고 처음에는 믿어지지 않았다. 〈위대한 김일성동지와 김정일동지는 영원히 우리와 함께 계신다〉는 문구! 북한의 마을마다 반드시 한 개씩은 있다는 영생탑이다. 마을 한 가운데에 위용 있게 자리했는데, 놀라운 장면은 그 영생탑 아래에 있었다. 검은색 점으로만 보이는 것이 무엇인가 했더니 다름 아닌 사람들이었다. 너른 들판에 무채색 옷을 입은 사람들이 영생탑 크기에 눌려 점 같이 작게 보였다. 한겨울 꽁꽁 언 땅을 겨우 깨고 수레에 옮겨 담는 건 거름이다. 거름전투에 동원된 마을 사람들, 아니 엄격히 말하면 모두 여성들이다. 삼삼오오 수레에 거름을 싣고 와서 들판에 쏟아 놓는다. 장엄한 물줄기로 흐르는 압록강을 얼어붙게 할 정도의 매서운 추위에도 거름전투를 위한 동원은 계속된다. 위대한 김일성-김정일이 영원히 함께 계시면 그것으로 족한가? 꽁꽁 언 강물은 아래에서부터 녹아 새봄이 오면 물줄기를 다시 이어간다. 북녘의 사람들도 그러할 것이다. 지금은 보이지 않지만 얼음 밑으로 흐르는 작은 물살처럼 북한주민들의 힘은 그렇게 영생탑을 녹여 낼 것이라 믿는다. 빼앗긴 들에도 반드시 봄은 오리라.

자강력제일주의 선전구호와 거름전투

김장전투

    11월의 압록강변에 밤새 눈이 내렸다. 북한의 김장은 강물에 배추를 씻는 배추전투에서부터 시작된다. 배추를 씻는 손마디가 차디찬 물가에 젖어든다. 얼음장같이 시린 강물에 온몸이 얼어붙어도 자식들을 위해서는 따스한 장갑 꼬옥 여며주었다. 동생의 입에선 입김이 서리고 누나는 고구마를 한입 베어낸다. 어김없이 찾아온 혹독한 겨울을 지나면 싱그런 봄날이 올까?

어로전투

　압록강을 생명삼아 살아가는 사람들, 깊이 드리운 그물 가득 만선을 기대한다. 살기 위해 그물을 던지고 또 거두건만 낡은 배 한척에 위태로이 생명을 내몬다. 압록강 물길 따라 수십 년을 살아왔건만 단 한 번도 그 강을 건너고자 노를 젖지는 않았으리. 강 건너 또 다른 생명을 찾는 길은 가장 소중한 사람의 생명을 담보로 하는 일이기에...

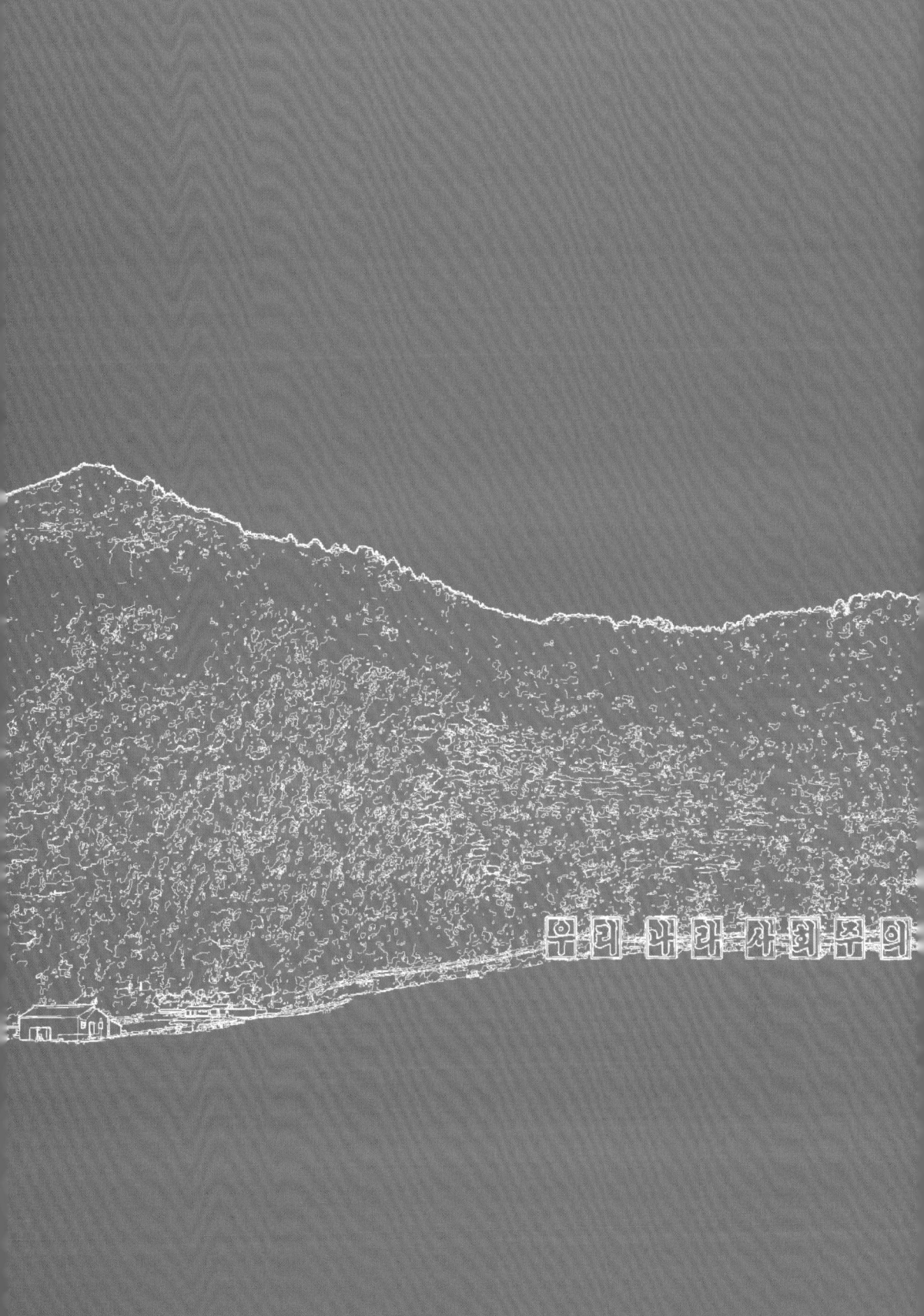

14 사회주의 지상낙원

거대한 감옥, 사회주의 이상촌

북한에서 사회주의 지상낙원의 대표적인 사례로 선전하는 〈3월 5일 청년광산〉마을의 모습을 내려다 본다. 김정일은 이곳을 "선군시대에 태어난 인민의 무릉도원이고 공산주의 선경이며 리상촌"이라고 불렀다. 김정은 시대에 들어서는 〈조선속도로 세계를 앞서나가자〉며 '조선속도' 실현의 성과로 제시하는 광산촌이다. 북한 언론매체에 따르면 "이 곳 주민들은 쌀걱정, 물걱정, 땔감걱정, 전기걱정이 영원히 사라졌고 남새(채소)와 과일은 이 마을의 처치곤란이라고 하니 얼마나 흐뭇한가"라며 선전한다. 쌀, 물, 땔감, 전기 걱정을 하지 않는다며 '우리나라사회주의제도만세'를 외쳐야 하는 사람들...

굴뚝에 피어나는 온기

양강도 혜산시에 이른 아침 해가 떠오른다. 굴뚝마다 매캐한 연기 자욱 피어나고 따스한 온기는 압록강 칼바람을 막아낸다. 몽글몽글 피어나는 연기가 지난밤 아무 일 없이 또 하루를 살아냈음을 하늘에 고하는 것 같다. 자욱한 연기와 안개로 뒤덮였지만 어슴푸레 사람이 살아가는 흔적을 보여준다. 무채색의 희뿌연 동네 어귀에 형형색색 때깔 옷을 입힌 아이를 등에 업고 가는 사람. 차디찬 철조망 안에 엄마의 온기가 전해온다. 어디든 사람들은 그렇게 살아가고 견디기 마련일지니... 아이야, 차디찬 겨울이거든 따스한 봄볕을 마중 가자꾸나.

237

창문마다 드리운 삶의 흔적

창틀에 노란색 옥수수가 소박히 담겼다. 저마다 사람이 살아감을 알려주는 표식인가 싶다. 유리창이 아닌 비닐로 겨우 바람을 막아내며 나뭇가지 덧대어 창틀을 만들었다. 태양열 집열판이 과거와 현재를 오간다. 창문 새로 비춰주는 빛 하나에 밤새 평안함을 고할는지...

신의주의 아침

이른 아침에 하얀 눈이 온 도시에 내려앉은 거라 생각했다. 큰 건물 사이사이로 하얀 연기가 피어오른다. 위에서 아래로 내리는 눈이 아니라 하늘 향해 올라가는 사람의 온기다. 밥 짓는 연기 하늘을 향하고 사람들은 오늘 또 하루 땅으로 묻힌다. 신의주의 아침은 희다. 그래서 더욱 어둡고 아프다.

바람을 가르는 어둠

신의주의 하얀 겨울 그리고 두 개의 검은 어둠

희미한 낙원

인민의 행복이 나래치는 지상낙원이 새벽녘 안개에 묻혔다. 희뿌연 안개 속, 어딘가를 향해 가는지 알 수 없는 생의 절망들이 아침 바람을 가른다. 소복이 눈꽃이 내리면 고통의 기나긴 새벽도 맑아지려나.

혜산영화관에서는 어떤 영화가?

양강도 도청소재지인 혜산시는 북·중간 밀수가 가장 많이 이루어지는 지역이다. 압록강을 사이에 두고 접경을 맞대었지만 불과 한걸음만 내디디면 강을 건널 만큼 가깝다. 접경지역이기 때문일까? 도심 한 가운데 규모가 큰 장마당(시장)이 섰다. 분주히 오가는 장마당(시장) 뒤편으로 주변 집들과는 모양새가 다른 건물 하나가 눈에 띄었다. 처음에는 〈단고기집〉이라 쓰인 식당 간판에 카메라 초점이 맞추어졌다. 주위를 둘러보니 식당 뒤편에 위치한 건물은 다름 아닌 영화포스터가 걸린 〈혜산영화관〉이었다. 영화관 건물에는 '청량음료'라 쓰인 간판도 보인다. "예술도, 사상도 주체의 요구대로"라는 선전구호에 맞게 어떤 영화가 상영되고 있을까?

단고기집이라 쓰인 식당이 보이고 그 뒤편 건물이 <혜산영화관>이다.

지상낙원으로 가는 마지막 비상구

온성 다리

함경북도 온성. 고난의 행군 시기에 두만강을 넘은 사람들이 가장 많았다는 바로 그 강이다. 다리는 끊겼고 두만강 칼바람은 여전히 들녘을 에인다. 온성 기차 역전, 얼마나 많은 사람들의 절규가 묻혔을까? 누군가는 떠났고 누군가는 남았다. 생과 사의 갈림길...

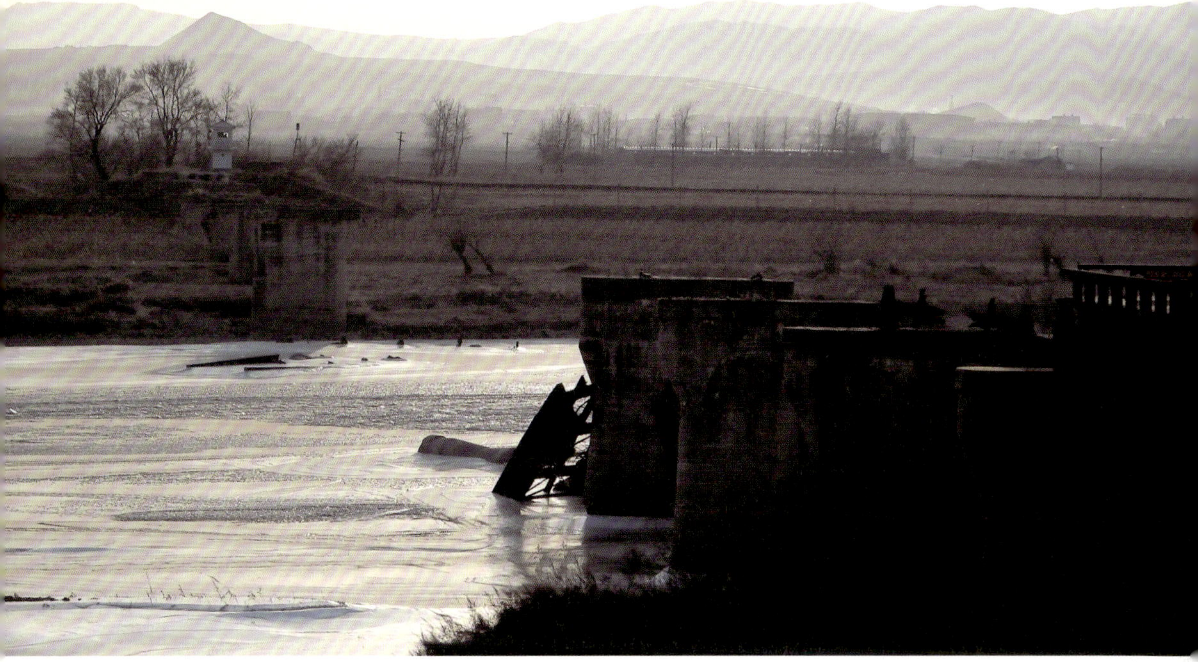

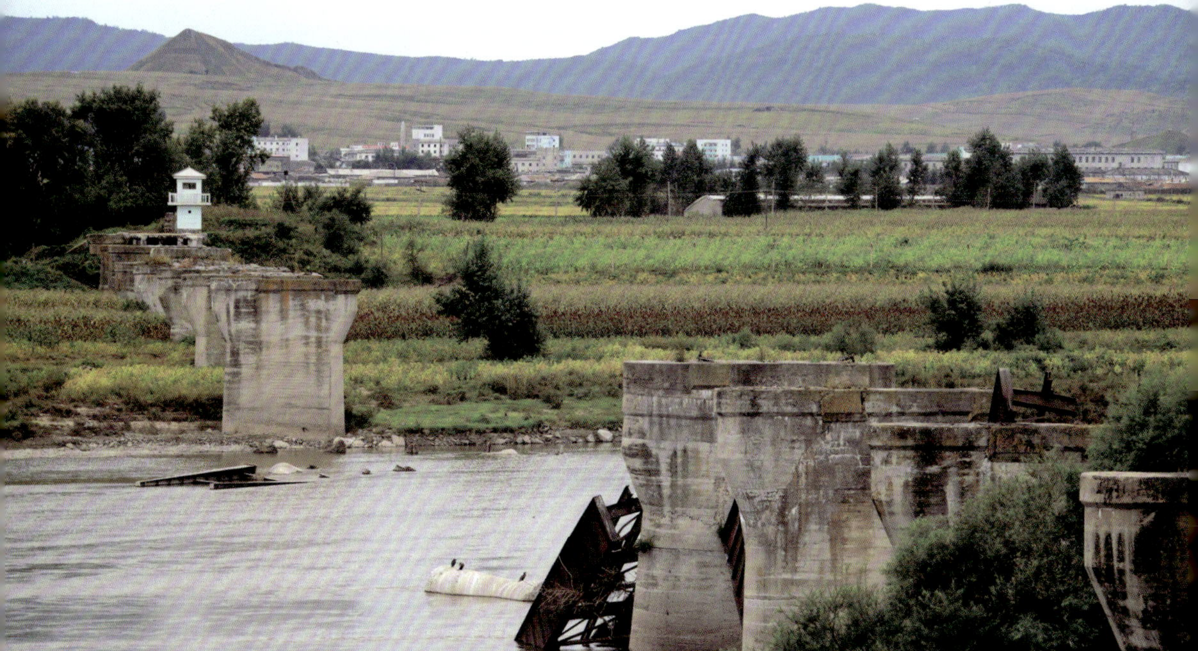

길이 아니어도 좋으련만

미완성의 낙원

시골마을의 감시카메라와 초소

15 발은 여기 붙이고
눈은 세계를 보라

사회주의 지상낙원의 통과의례

갈림길에는 어김없이 검문소가 세워졌다. 오가는 사람들을 일일이 살피며 지나갈 수 있는 자를 가려낸다. 검문소 앞을 지날 때면 타고 온 것에서 내린 채 검문을 받은 후 걸어서 통과해야 한다. 반드시 그렇게 해야 한다. '국경검열원' 완장을 찬 군인, 어쩌면 그의 눈빛은 철조망보다 더 날카롭고 아프다. 사람이 사람을 감시하며 가려내는 곳, 사회주의 지상낙원의 통과의례…

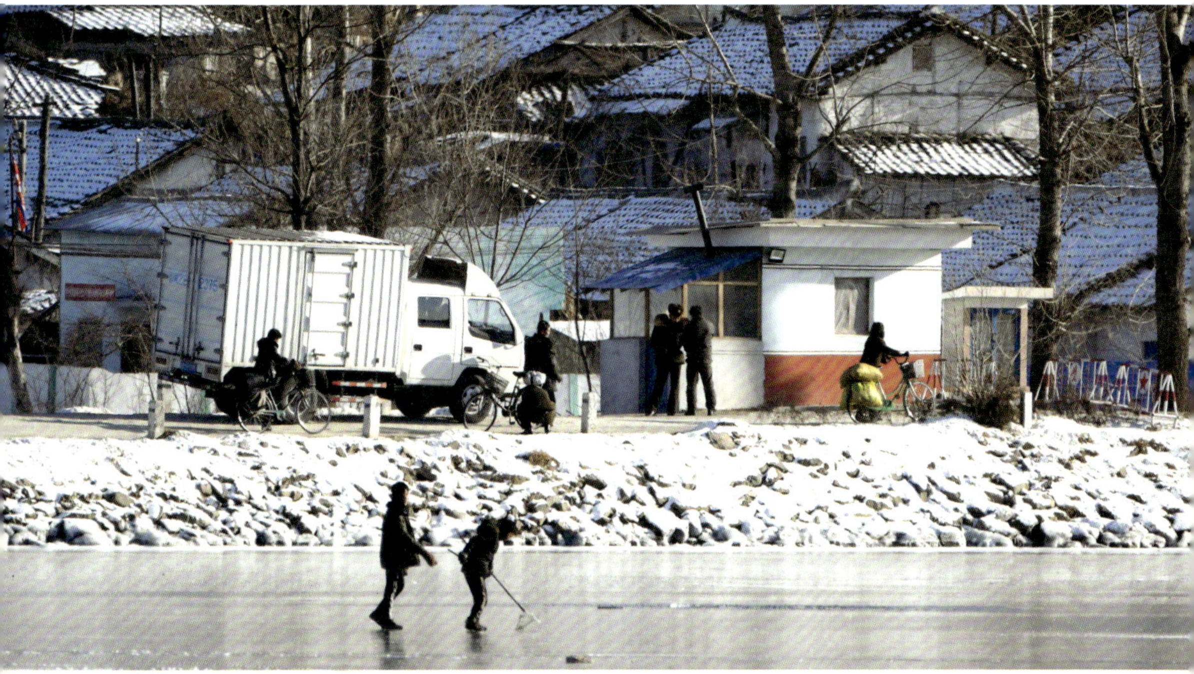

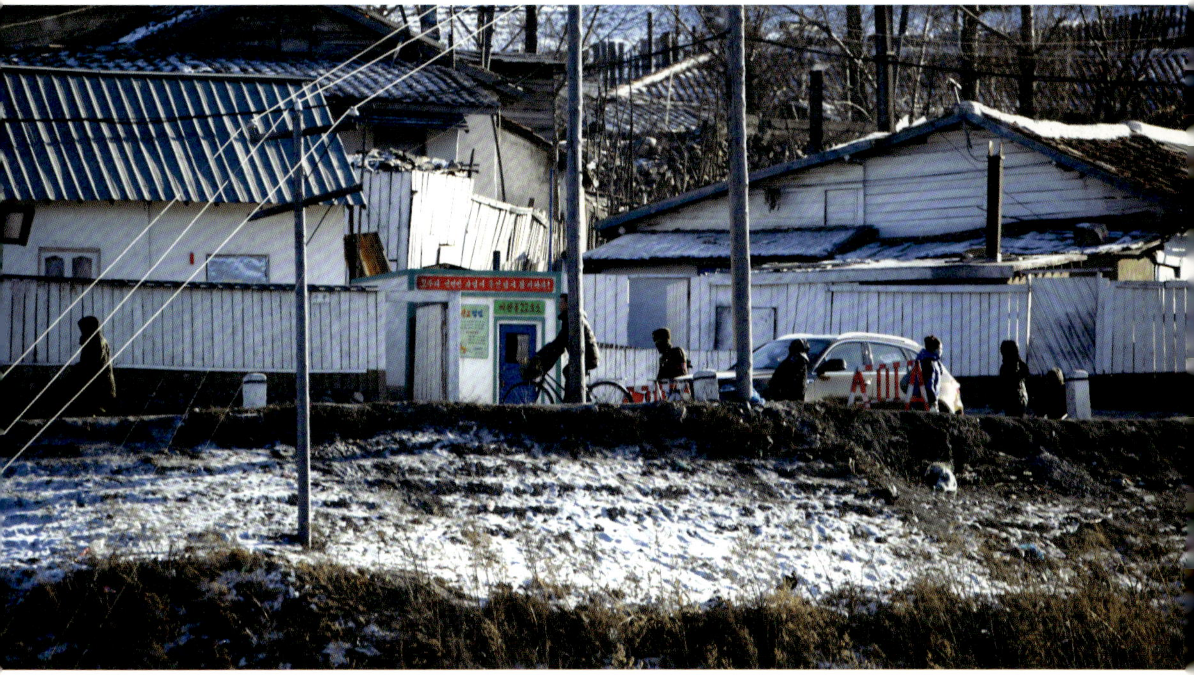

추석날 아침

추석날 아침, 사람들의 분주함이 산허리를 감싼다. 마을 뒷산으로 난 구불구불 산길 위에 산소로 향하는 사람들의 걸음이 이어진다. 길 하나를 사이에 두고 산자와 죽은자의 경계가 선명히 나뉜다. 가을걷이를 앞둔 황금빛 들녘과 죽은 이의 안식처가 나란히 놓였다. 풍성한 곡식이 여물어가지만 풍요 속 빈곤이라 했던가? 정작 나의 수고는 온전히 내 것이 되지 못한다. 한 끼를 또 걱정해야 하는 사람들에게 살아 있다는 건 어쩌면 생과 사의 벼랑 끝에 선 고통일지도 모를 일이다. 살아도 살아 있는 게 아님을...

건너서는 아니 될 길

'불법월경자'는 그들의 또 다른 이름이었다. 강이 흐르고 맞닿아 있는 곳이면 어디나 삼엄한 경고판이 날카로운 비수처럼 날아들었다. 사람이 아닌 불법월경자이기에 먹을 것을 주어도 일을 시켜도 아니 될 일이다. 그렇게 접경에서는 오늘 또 누군가의 삶이 경계에 그어진다. 단지 하나의 선에 불과하지만 생과 사의 구분은 가혹하리만큼 또렷하다.

전기철조망과 어린 아이

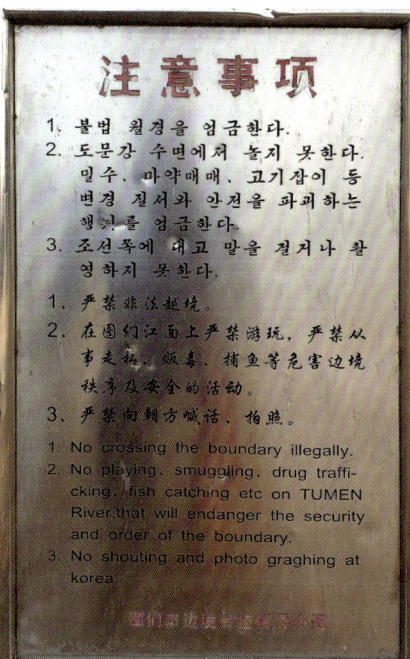

압록강이 얼다

　뼛속을 에이는 추위에 압록강도 견뎌낼 재간이 없었던 모양이다. 강은 멈추었고 길이 놓였다. 이편과 저편을 걸어서 오가는 사람들, 그 길 끝에 무엇이 있을까? 눈 녹는 계절 돌아오면 한겨울 매섭던 칼바람도 봄바람에 묻혀 쉬이 가려나. 겨우내 압록강은 사람의 이음이다.

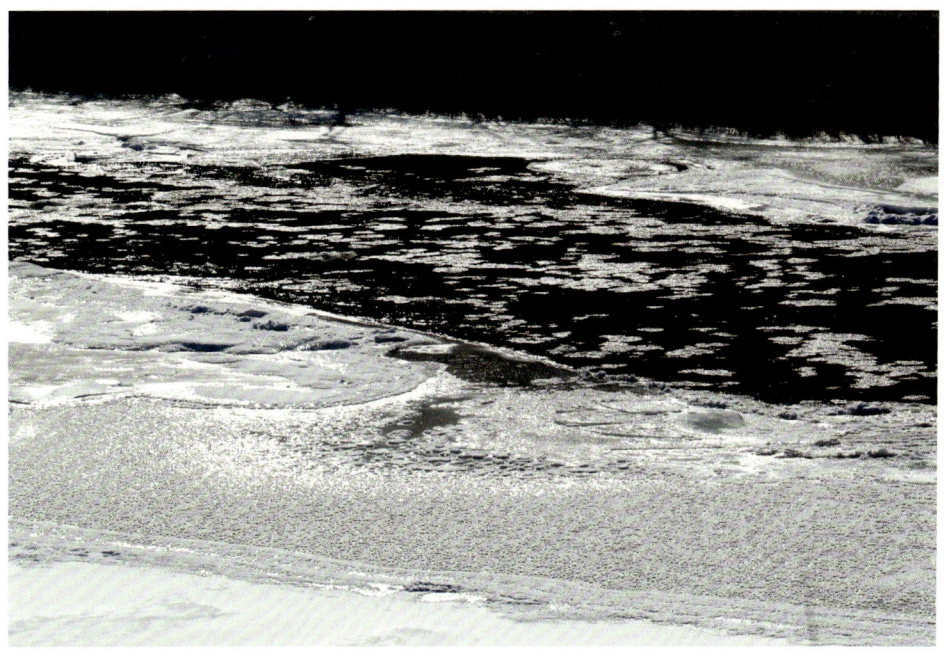

두만강에 띄운 국화꽃 한 송이

고향을 두고 떠나온 그 아이는 한동안 아무 말이 없었다. 눈시울은 붉어졌고 그저 입술만 가늘게 떨릴 뿐이었다. 아버지의 마지막 가시는 길을 지켜드리지 못했기에 고향땅 보이는 두만강물에 국화 한 송이라도 놓아드리고 싶었다. 물살에 떠밀려 아버지 계신 그곳에 닿으면, 하나밖에 없는 딸의 가녀린 그리움도 전해질 수 있으려나. 손만 뻗으면 한 걸음에 내달릴 고향 언저리를 멀리서 바라보는 아이의 눈이 차갑다. 사회주의 지상낙원을 떠도는 수많은 아픔의 영혼들이여...

나가며 /

책을 한창 마무리 할 때쯤 베트남으로 향하는 어느 열차에 주목했다. 60시간의 대장정을 떠난 지도자의 순방길이라도 된 듯 언론은 실시간으로 노정을 소개하기에 여념이 없었다. 답답하고 안타까운 마음에 소셜네트워크(SNS)에 아래의 글을 실었다.

> 김정은이 지금 베트남으로 향하는 길은 바로 압록강과 두만강을 건넌 탈북민들이 중국을 벗어나기 위해 목숨 걸고 달리는 쫓김의 길이다.
> 김정은이 탄 열차가 통과한 텐진지역은 수많은 탈북여성들이 지금 이 순간에도 인신매매를 당해 시골로 팔려가는 곳이다. 김정은이 기차 창밖으로 바라볼 중국 어느 지역이라도 반드시 거기에는 팔려온 조선의 여성들이 숨죽여 살고 있다.
> 할아버지 김일성이 달렸다는 길은 과거지만, 탈북여성들이 팔려가는 길은 지금 현재진행형이다.
> 진정으로 "인민을 위한" 지도자라면 다시는 그 길위에 꽃다운 청춘들이 노예처럼 팔려가는 일이 없도록 자신이 무엇을 해야 할 것인지 가슴을 찢으며 돌아봐야 할 것이다.
> 국내언론은 하루종일 김정은의 열차가 어디를 가고 있는지 동선을 체크하기에 바쁘다. 뉴스 패널로 나온 전문가 선생님께서는 "김정은 위원장, 이설주 여사"라는 호칭으로 꼬박꼬박 높임을 신경쓴다.
> 호칭을 붙이지 않으면 방송출연이 금지되는 세상이 되었으니 적당히 타협하는 것도 저마다의 살아가는 방식이리라. 하지만 지금 김정은이 달리는 그 길이 결코 경제시찰을 위해 해외순방에 나선 어느 국가지도자 중 한 분인 것처럼 말하지 않았으면 좋겠다. 그것이 그 길위에서 이름도 없이 죽어간 수많은 사람들에 대한 최소한의 학자적 양심이리라.
>
> 2019년 2월 저자의 페이스북 게시물

문득 〈그대, 왜 통일의 길을 가려 하는가〉라는 글귀를 떠올려 본다. '인민의 낙원에 인민이 없다' 말했지만 돌이켜보면 통일과 평화로 가는 길에 정작 사람이 없다. 누군가는 평화가 곧 경제라고도 한다. 통일이 되면 북한의 지하자원과 남한의 기술을 합쳐 부강한 나라가 된다며 목청을 높인다. 유라시아까지 철도가 연결되어 물류비용을 줄이고, 섬나라에 갇혔던 민족이 대륙으로 뻗어나간다고 한다. 통일한국의 상상은 늘 지하자원과 북한주민의 저렴한 노동력으로 귀결된다. 통일의 분위기가 조금만 무르익는다 싶으면 어김없이 접경지역의 땅값이 들썩인다. 그렇게 우리는 통일을 돈으로 환산한다.

그리되면 진정 남북한 사람들은 행복할까?

독재자의 폭정은 여전한데 그와 손잡고 평화롭다 웃음 짓는다. 북녘사람들의 슬픈웃음은 서슬퍼런 철조망에 꽂혀 통한의 눈물로 흘날리는데, 목란꽃향기에 취한 듯 분단의 봄놀이로 사람들을 현혹시킨다. 평양 목란관 만찬장에 울려 퍼졌던 4월의 축배 뒤에는 태양절을 준비하는 숱한 사람들의 아우성이 있음을 잊지 말아야 한다. 그들의 절규가 저 북녘 땅 산하를 뒤흔들고 사람다움을 함께 누릴 때 우리는 평화라 말할 수 있다. 지금의 자유와 인권은 분명 우리만의 것이 아니다. 무기력하지만 온몸으로 저항하는 억센 북녘의 사람들이 있다. 시리고도 긴 겨울끝자락에서 새봄을 기다리며 변화를 갈망하는 사람들의 처절한 외침이 분단의 땅을 녹이고 있다.

지난번 책 〈평양 밖 북조선〉의 마지막 구절은 "다시 또 이 길을 떠날 것이다"였다. 이번 책을 마무리 하며 부끄럽지만 그 약속을 지켰다.
그리고 다시 결심한다. 뙤약볕 내리쬐는 한여름이 되면 다시 또 이 길을 떠날 것이라고. 북중접경 5,000리, 분단의 아픔서린 그 통한의 길이 거두어 질 때까지…

오늘은 '여기'에 발딛고 '저기'를 그려 보지만, 통일된 날에는 '저기'에서 '여기'를 바라보리라.

지금은 멀리 떨어져 있어 '저기'일 수밖에 없는 나의 반쪽 조국.

> 국경의 강은
> 쉼없이 흘러가고 있었다
> 중국의 도시는 거대하고 음산했지만
> 저 너머 나의 조국은
> 모든 것이 작고 맑았다
>
> **이미륵, 〈압록강은 흐른다〉 중에서**

그대 왜 통일의 길을 가려 하십니까?

강동완이 짓고
차고은이 쓰다

SINCE 2015

너나들이는 서로 너 나하며 허물없이 지내는 사이를 일컫는 순우리말입니다.
도서출판 너나드리는 남북한 사람들이 서로 그런사이가 되기를 바라는 희망을 안고
통일 북한 전문 출판을 통해 하나의 길을 만들어갑니다.

· 이 도서의 수익금 전액은 통일을 위한 후속 연구 및 출판에 사용됩니다.